U0107570

让 我 们 一 起 追 寻

日 本

历 史

上 的 **东 与 西**

東と西の語る日本の歴史

《HIGASHI TO NISHI NO KATARU NIHON NO REKISHI》
© Machiko Amino 1998

All rights reserved.

Original Japanese edition published by KODANSHA LTD.

Publication rights for Simplified Chinese character edition arranged
with KODANSHA LTD.

through KODANSHA BEIJING CULTURE LTD. Beijing, China

〔日〕网野善彦　著

褚以炜　译

东

社会科学文献出版社

SOCIAL SCIENCES ACADEMIC PRESS (CHINA)

目　录

日本历史上的东与西

目　录

学术文库版前言

　　自我应承了好友大谷高一先生的托付，在大谷先生倾
注了热情的出版社"集体社"① 出版本书以来，业已经过
了十五年以上的岁月。如今②，大谷先生被癌症击倒而入
鬼籍，集体社自身在脱离大谷先生掌控之后也发生了很大
的变化。要将这本承载了和大谷先生之间各种回忆的书在
其他出版社作为文库本出版，我虽然在情绪上有一点难以
接受，但在此终于下定决心，承蒙讲谈社的布宫美知子女
士很久前就开始多次劝说，如今终于能将本书列入讲谈社
的"学术文库"丛书。

　　借此机会，我将初版中在很久以前就被指出的硬
伤进行了订正（比如石川隆一先生提醒我在书中误将

---

① 该社日文名为そしえて，源自法语 Société 一词，有集体、社会、
　　社交、社团之意。（本书脚注均为译者注或编者注，后文不再特别
　　说明。）
② 指作者写序时的 1990 年代末。

立花宗茂①列进了关原合战中的东军等），并对语句不通顺的地方和错别字进行了修改，此外，还根据"学术文库"的惯例，将汉字改成假名，把破折号改成顿号，并加上了更多的假名注音。我进行了以上种种修正，但完全没有修改基本叙述和论旨。

4　　不过，在出版后过了十五年以上的今天再来看的话，学界的实证研究有了新的进展，我自己的想法也有所变化。虽然我觉得本书存在不少内容叙述上不够充分、表述不够完备和不正确之处，但在这里只提一下我觉得特别重要的两三点。

　　首先是有关"日本"国号和"日本人"概念称呼的问题，关于这一点，本书的概念使用完全是粗枝大叶的。如众所周知的那样，古代史研究者大部分认为，"日本"的国号和"天皇"的称号一样，是在 7 世纪末《净御原令》中正式确立的。这样一来，就和我最近借着其他机会时常阐述的一样，在此之前不存在什么"日本"和"日本人"，"倭国"和"日本国"也并不一样，"倭人"和作为"日本国"属民的"日本人"尽管有重合的部分，但本书提到的

---

①　立花宗茂（1569—1642），江户时代筑后柳河藩的初代藩主。原为大友氏家臣，丰臣秀吉平定九州后将他提拔为独立大名，并封于筑后柳河，关原之战中因参加西军而成为浪人，但后来获得江户幕府赦免，一度被封在陆奥的棚仓，最后复得柳河领地。

大部分"东国人",特别是"东北人"当然不是"倭人"。

并且,以此为前提来进行审视的话,例如"日本东部""日本西部",或者是"日本人"这些词语,从严格意义上讲应用在关于7世纪以前的历史叙述上不妥,而必须使用作为地名的"日本列岛",并把"日本东部""日本西部""日本人"等分别改成"列岛东部""列岛西部""日本列岛人"等称谓。我们这样执着于"日本"的国号,是因为当代日本人几乎不知道这样一个事实,即这个国号是在7世纪末这个特定的时间段确立的,当时的大和统治者十分在意中国,强调本国相对于中国是位于太阳升起的东方的。由此便可知道,我们并没有察觉到"日本"这个国号是可以依据时宜被我们的总体意志更改的。这便构成了现代日本人自我意识暧昧模糊的背景,人们觉得从绳文弥生时代开始就"自然而然"地存在"日本人",今后日本也会"自然而然""直到永远"地一直延续下去。我认为不把这一点讲明确,日本人就无法拥有正确的自我认知。由于我在写作本书的时候还没有意识到此事的深刻性,所以不得不说本书在用语和论旨上都有不少模糊和草率的地方。这一点请各位读者在开卷最初就做到心中有数,在阅读的时候自己替换一下有关用语。

并且,这一问题也牵涉到对东北和南九州,以及阿依努和琉球等地区的定位,前两者曾遭到"日本国"的侵

5

略征服，而后两者也被强制纳入"日本国"的支配之下。其中东北人被称为"虾夷""俘囚""东夷的酋长"等，被"日本国"单方面定为"未开化者"并成为其侵略对象。本书虽然提及了东北人是如何顽强抵抗"日本国"的兵马，直到最后也毫不屈服，开拓了独立世界的事实，但没有正面提到阿依努和琉球扮演的角色。

6　　以往阿依努人被认为是既没有文字也不懂农业的"未开化民族"，不过通过近年的研究可以发现，他们作为活跃的贸易者，自 13 世纪以来在联结本州岛和东北亚地区方面起到了重要作用。本书所提到的出现自称"夷千岛王"之人的事例，也有必要以这一动向为背景加以考量。另外，琉球王国也被证实是以在日本列岛、朝鲜半岛、中国和东南亚地区海域中的贸易活动为基础立国的"港市国家"，我们必须将此纳入视野。

确实在这些方面，不得不说本书的叙述是很不充分的。这也和本书的主题——东西差异相关联。比如，阿依努和冲绳都不存在本书中时而提及的被歧视部落，而直到江户时代为止，在处于"日本国"的国制支配下的地区之中，则不问东西都能找到歧视问题事例，但是从大体上来看，本书还是多少言及了日本东西部之间被歧视部落的明显差异。

不过，没有一个问题能够像被歧视部落问题这样鲜明地体现列岛东西部社会的不同，以及日本东西部差异——
这么说实际上也不算过分。从如今的研究阶段来看，本书
的记叙当然是不彻底和不充分的。实际上，被歧视部落作 7
为一个整体而言，比起日本西部来，在日本东部的存在感
相当弱，从我自己出身于日本东部山梨县的体验来看，一
个很明确的事实是，我从幼年开始在日常生活中就极少感
知到部落民的存在。这与出身于日本西部之人的经历截然
不同。不得不说，"东与西"的差异在这一问题上也是极
其深刻的。

　　而且由于地域差异，对部落民的称呼也是多种多样
的，例如东北日本海沿岸地域的"乐"，加贺、能登、越
中地区的"藤内"，山阴地区的"钵屋"，近畿、濑户内
海地区的"皮多"，关东的"林守""野守"，等等。另
外，"非人"本来也绝非贱民之称，他们在中世前期拥有
神人（神社下级神职）称号，是受人敬畏的群体。"河原
细工丸"指的是神社佛寺的直属民，而与其相对应的明
确歧视性称呼"秽多"，则要到 13 世纪末才能初见其用
例，并且"秽多"在中世也只在京都周围的一些地区使
用。由于江户幕府在 17 世纪后半叶将被歧视部落的管理
制度化时使用了"秽多""非人"的提法，人们便一直认
为这种称呼是全国性的，通过上述例子我们已经可以明显
看到这种看法的谬误了。

前面列举的对被歧视群体的多种称呼有何种由来，另外，为什么被歧视部落的模式在东西之间有很大的差距——如今还留有很多应该深入研究的问题，我们必须正视这些问题，并从正面全力迎战。为了充分掌握诸地域的特征，从而能对歧视问题做出细致的应对之策，我们必须以实现这一点为前提，在今后不断地积累研究。比如说，关于自古以来列岛东部和西部社会之间的差异，尤其是数以百万计承载着"弥生文化"的人群从朝鲜半岛和中国渡海来到列岛西部之后，东西部对于"秽"（ゲカレ）的处理模式的明显差异，本书固然有所提及，但必须对此更加深入地进行研究。而且以此种社会为基础，特别是以列岛西部为中心确立的"日本国"国制尽管对列岛社会有其影响，但依旧存在东西制度上的差异，相对于在 12 世纪成立了神人、供御人制度的日本西部——西国，日本东部——东国则确立了御家人制度，对此我们有必要分别从东西王权的不同模式出发加以研讨。

这样看来，关于东与西，还留下不少未解决的问题和未开拓的领域。本书中所谓的"西船东马"的提法，虽然从大体上来说是没错的，但近年的发掘成果证明，太平洋的海上交通自远古以来就相当稳定且活跃，我们对东国的河流、海上交通、船只活动也必须予以充分的考量。另外在别的方面，如本书提到的"倭寇"驱使济州岛和五

岛列岛等地的牧马活动于朝鲜半岛的例子，可以看出在西 9
国，马的作用也很重要。

如此一般，关于很多问题，我们有必要在更广阔的视
野下进行衡量，特别是从旧石器时代开始到中近世的历史
时代，考古学领域诚可谓成果显著，本书的叙述肯定已经
完全过时了。比如说，本书所引用的从绳文文化土器分布
开始的日本列岛地图，是按照"日本国"的范围来收录
的，这一点也有修正的必要。

另外，就文献史料的观点来说也留有许多问题，比如
我们必须从一厢情愿地把"百姓"① 原封不动地解释为农
民的片面想法里彻底解脱出来，重新认识当时的社会组
织。我将本书中的"农民"修正为"百姓"的地方固然
只有微小的几处，但基于这样的视点来重新认识近世和近
代社会的话，那便不光只是"东与西"的问题，还有可
能看到列岛社会更加鲜明的地域个性。

对于上述的欠缺和不充分之处，我已在最近出版的拙
著《日本社会的历史》（『日本社会の歴史』全三卷、岩
波新书、1997）② 中尽可能努力地进行了修正和补足。但
可以深入研究的问题依旧很多，还留有许多值得开拓的研

---

① 现代日语中的"百姓"专指农民。
② 该书已出版中译本，见〔日〕网野善彦《日本社会的历史（修订
版）》，刘军、饶雪梅译，社会科学文献出版社，2012。

10　究领域。如果还有时间的话，不仅是有关"东与西"的问题，我还想试着借其他的方式描绘一下列岛社会的地域个性，但这只能停留在梦想之中了。

　　如前所述，如果没有布宫美知子女士长久以来的热心劝说，本书大概就不会以文库版这样的形式问世了。我在此深表谢意。另外，山折哲雄先生尽管在百忙之中，也应编辑部之请为本书撰写了诚挚的解说词，对此也表示衷心感谢。

网野善彦

1998 年 7 月 12 日

序　章

日常生活中的东与西

我出生在甲州（甲斐国），即山梨县。因为自己幼年 19
时候，全家人搬到了首都东京，故本人到三十来岁为止的
青少年时期全在东京度过。1967 年，我在名古屋就职之
后便西去此地，直到最近重新回到东京为止，约莫在名古
屋生活了十四年。

正如俗话常说，"久居则安"，对于如今①的我来说，
名古屋可谓是第二故乡，是个值得怀念之地，但甫住名古
屋之际，我有不少新体验，经常觉得丈二和尚摸不着头
脑。比如说走在路上，看到挂在电线杆子上写有"ひち"

---

① 除前言、解说和译者后记外，本书正文中所有的"如今""现在"
"最近"等时间当作 1980 年代解。

的招牌，刚开始我压根不明白这是什么。虽然很快觉察到这是当铺的招牌，但可以说是重新感受到了"地方不同，方言亦不同"的浅白道理。实际上，在公共汽车上听到

20 老年人的谈吐全是纯粹的名古屋方言，我难以完全听懂。

另外，我极中意食寿司，只身一人在名古屋当职的时候经常进寿司店用餐。但是我记得很清楚，第一次看到端上来的寿司膳盘上盛着蘸酱（たれ）的时候，我觉得它作为酱油未免太黏了些，沾一下放在嘴里一尝，感觉味道颇怪。当时，我还不知道什么是"大酱汁"（溜まり）。虽然没过多久，我稍能体会到把生鱼片沾满这种调料后放入嘴中时的美味了，但还是不能否认，直到最后我依然有点怀念酱油的味道。

味噌汤也是一样。在可以点到咖啡和咖喱饭的茶馆和小吃铺，菜单里肯定有红味噌一栏，这让我十分惊讶，虽然我觉得它味道不赖，但也没马上习惯下来。到了不久能够自然顺口地喝下现在也一直在喝的红味噌的时候，我便强烈地感受到"地异味亦殊"的道理。

名古屋没有荞麦面馆也让人觉得非常不便。喜欢吃荞麦面的我为了能够找着走几步路就能跳进去大快朵颐的荞麦面馆到处晃悠，结果找不到合适的馆子，时常要到百货大楼精品街的荞麦面馆去吃那里的天价货。"凡面无不欢"的敝人固然很快转而吃起了宽面条和煮乌冬面，但

这个事例果然还是很好地体现了地方色彩的差异吧。

另外一个令人印象深刻的就是过年时候吃的鱼，当我照例觉得过年该吃三文鱼的时候，来家里玩的邻居说了一句："为啥你那地方不吃鲕鱼？"这让我重新想起了老早以前读过的宫本常一的著作，里面讲到过年贺岁吃的鱼的种类基本可以和日本东西两个区域相对应，有些地方用三文鱼和鳟鱼，有些地方用鲕鱼（宫本常一著作集 24『食生活雑考』1977、未来社）。除此之外，宫本还讨论了很多有趣的话题，比如说酱油和味噌有何关系，年糕在日本东部是方形但在西部是圆形，等等。记得当时，我寻思着名古屋这个地方果然还是属于日本西部吧。

当然，刚才举出来的这些例子，并不能完全适用在东西差别上，倒不如说这是东部和中部地区的差别。但这些琐碎经历给予我一个契机来重新思考以下这个理固宜然的事理：大家即便栖身在同一个日本，各自的日子却过得五花八门。

对单一民族说的疑问

确实，我们对日本人是由单一语言、单一人种构成的单一民族这一通说太过偏信了。虽然说同操日语，但想当然地觉得日本人之间直接语言相通，那就大错特错了。东

22　京移居鹿儿岛的人和鹿儿岛本地居民一谈话，便会觉得完全像在听外语。另外一个和我熟络的名古屋朋友到东北地区旅游过以后，同我讲述有个与他搭话的老人大声谈笑，讲出的话却是一句也听不懂，让他齿痒难耐的经历。这样的事，即便是在电视机已经如此普及的今天也绝不是稀罕事情。

另外，即使说日本人都属同一人种，正如老生常谈一般，但拥有这样丰富多彩的面孔的人种也是非常少见了。敝人大目而黑面，经常被人说是南方系，类似也有北方系、朝鲜系等说法，日本人的面孔在常识上也被分作各种类型。

实际上，虽然说如今单一民族论是共识，但日本人是复合民族、杂交民族的说法，意外地被人们逐渐且普遍地

23　接受，或许以后会成为常识。这是民族学者之间以往就有的主张，特别在二战后，冈正雄提出了日本民族是基于五种文化的复合而形成的学说，江上波夫屡屡陈述骑马民族起源论，等等，对考古学、语言学、民俗学等学术领域予以各种影响，其间产生的许多研究成果被以比较通俗易懂的形式回馈给社会，得到人们广泛的阅读。这种思维转变或许就是原因所在。

但是，一旦进入历史学的分野，日本人是单一民族的通说如今依旧可以说是牢不可破的。日本史的通史和历史

教科书，虽然原本也承认有人从南方、北方、朝鲜半岛等地流入日本，但基本都站在以下这一共同构想上：基本在绳文时代形成的原日本人是现代日本人的直接祖先，日本史的特征就是这一民族自古以来在语言、人种、文化上都整齐划一且连绵不绝。并且，人们固然对于日本列岛在弥生、古坟时代存在主要来自朝鲜半岛的大量移民这一点已经形成了共识，但也不曾将其当作会使民族成分发生变化的事项来重视，于是，在整齐划一性为背景上成立的单一日本国家，即便在内容和性质上经历了所谓古代、中世、近世、近代的变迁，但依旧延续到现代，这一论述可谓是一个约定俗成的前提。

之前提到的民族学、民俗学、语言学的成果，虽然在律令国家成立前后的历史叙述中多多少少地得到了运用，但关于其后历史的研究，则可以说完全未能考虑这些因素。倒是在律令国家成立以前，明明有如此庞大的一股来自中国和朝鲜半岛的移民移居到日本，但在律令国家成立之后，从通行历史叙述上看，这一动态好似戛然而止了一般。

说到底这岂不怪哉？现在讲述的这种日本史的认知模式背后，横亘着一个前提性观点，即日本人是拥有整齐划一性质的单一民族，律令国家成立后的日本一直是单一国家。如果这个前提本身存在疑问的话，对于历史的整体观

24

点不是就必须转变了吗？

从开头提到的本人最近的微小经验来看，事情也不像原来这样简单。对于生长在日本东部的我来说，连生活在位于日本西部最东端的名古屋，要熟稔当地的饮食、语言、风气都必须经过相当长的时间，如果要住到京都附近的话恐怕会更觉困难吧。从日本西部移居到东部的情况也可以说是完全一样。连身处交通非常发达的现代都能觉察到这种来自东西差异的不自然感，难道它在历史上就不会起到一点作用吗？

被歪曲的日本史认识

不仅如此，我们还不能忽视，刚才讲到的这种日本史认识在各方面影响着日本人的思维，造成了扭曲的社会现象。社会上存在歧视同样属于现代日本人的冲绳人和阿依努人，而且长年累月地对朝鲜人持有无端偏见的扭曲现象，我认为其根源就是以单一日本民族、自古以来单一的日本国家为前提的历史认识。

另外，将被歧视部落民当成"异民族"的偏见是完全错误的，可以说这也源自相同原因。而且不得不说，尽管是在无意识之间，这种历史认识也在结果上支撑了将天皇当作民族象征并将其置于日本人的统合中心这类人们深信不疑的观点。

1997 年，我偶然获得了前去南美洲秘鲁旅行的机会。有许多来自日本的移民居住在秘鲁的首都利马，但在得知这些日裔移民在 4 月 29 日的天长节——如今也是如此称呼的日子里①，大开集会，庆祝天皇生日，以再次确认自己身为日本人的身份认同之后，我重新感受到此事的重大意义。虽说天皇具备被吸纳进这样一种节会的性质，这是俨然存在的事实，也是日本天皇存在的本质问题之一，但这一虚幻形象定然顽固地阻碍了日本人同胞之间和日本人与异国人之间作为本真的人与人互相结缘的道路。并且，这样的现象必然源自之前提到的民族观和国家观。

以上这种日本民族观和日本史认识尽管有所动摇，但依旧作为通行观点而大行其道。为矫正这种如今依然顽固延续的歪曲认识，当务之急是从根本着手进行重新研讨。　26为此，本书注意到当前生活在日本列岛的东与西的人们的生活、文化、社会的不同，试图厘清这种差异在历史中起到了怎样的作用。

----

① “天长节”即天皇生日。但是日本本土自 1948 年以后改称“天皇诞生日”，书中记录的是南美洲的日本移民仍使用旧称“天长节”。4 月 29 日是昭和天皇的生日，本书初版的 1980 年代昭和天皇仍然在世。昭和天皇去世后，1989 年即平成元年，以平成天皇生日 12 月 23 日为新的节日，4 月 29 日改称“昭和之日”，放假一天。

而且，一直以来都被认为在世界上拥有罕见的同质性的日本人——即便是在相对意义上或许可以这么说的一群人——也绝不是铁板一块，其中也充分具备孕育出不同民族的盖然性因素。基于这一点，日本历史上出现过若干拥有独自特色的国家也是确凿的事实；更不用说日本人与阿依努人乃至欧亚大陆远东滨海地区、朝鲜半岛、中国等地域的人们（此前被认为是完全不同的民族）都出人意料地关系密切。我想，通过提示以上诸点，可以明确地揭示出基于前述通行观念描绘出来的历史认识乃是无稽之谈。

面向地域的视角

实际上，近年来，学者们尝试以多样化的立场和不同角度来重新研讨日本的历史，历史学和考古学、民俗学、文化人类学等学科之间的交流终于被重视起来，描绘全新的日本历史形象的机运日渐成熟。尤其是最近，地域史研究的必要性得到了提倡和强调，从中诞生了许多出色的成果。就推动这一研究方向而言，这个局面确实值得我们欣喜。这些研究已经超越了乡土史，或者相对于中央的地方史的维度，在细致地追溯了各自地域的独特个性的同时，又更进一步，将基于生活在该地域的民众的立场之所见日本历史汇总成像，自成一个体系。

例如，海保岭夫认为，北方史最为基础的视点正是"将被冠名为虾夷的人们［主要是阿依努系］的历史与日本国家权力对北方地域的指向模式联系起来，同时完全基于其主体认识，建构其作为自身主体的历史"。他站在北方人的立场上撰写了《日本北方史的逻辑》（『日本北方史の論理』、雄山閣、1977）这一巨作。

另外，安良城盛昭着力阐述了"冲绳的自然、历史、现实所构成的地域特征"：从自然来看，冲绳是亚热带群岛社会；从历史来看，它曾经是独立的琉球王国，被置于天皇制支配下仅仅数十年，而且是太平洋战争里唯一经历了陆战的地区；从现实来看，冲绳现在成为"（美军）基地中的冲绳"。他认为，从这三个要素中诞生的冲绳，以其地域的特征所在，正可以将"日本国家的相对化变为必然"，冲绳人也"比住在东京的人更能'充分认识日本'"，并在《新冲绳史论》（『新・沖縄史論』、沖縄タイムス社、1980）一书之中总结了以上观点。强烈认同这一观点的高良仓吉在《琉球的时代》（『琉球の時代』、筑摩書房、1980）一书中兴味盎然地叙述了从暹罗、安南、马六甲到爪哇、苏门答腊的广域海上贸易活动中形成的琉球王国的历史。如上种种，出现了越来越多站在冲绳立场上的发言。

28

而就我本人的专业领域来看，小林清治、大石直正两人主编的《中世奥羽的世界》（『中世奥羽の世界』、東京大学出版会、1978）总结了在东北人立场上所看到的中世历史。浅香年木在《古代地域史的研究》（『古代地域史の研究—北陸の古代と中世 1 —』、法政大学出版局、1978）和《治承寿永内乱史序说》（『治承・寿永の内乱史序説—北陸の古代と中世 2 —』、同上、1981）中，以北陆人的立场，将日本海沿岸地域设定为一个地域群，主张应该从扎根于地域社会的"土著的视角"来重新树立古代史和中世史认识。另外，一志茂树领导信浓史学会开展活动，相继出版了《历史的心灵》（『歴史のこころ』、信濃史学会、1974）、《地方史之道》（『地方史の道』、同上、1976）等著作，阐述了"对日本史学界的苦口婆心之言"，提倡"日本史考究的更新"。三浦圭一在论文《日本中世地域社会——以和泉国为素材》（「日本中世における地域社会—和泉国を素材として—」、『日本史研究』223 号、1981）中总结了二十余年间对和泉国的地域研究，标榜"如何从地域社会中描绘历史"的"地域史的思想"。另外，以宫本常一的大作《瀬户内海的研究（一）》［『瀬戸内海の研究（一）』、未来社、1965］为始，河合正治、松冈久人、渡边则文等人正积极地推进瀬户内海地域研究。川添昭二、工藤敬一、五味克夫等

29

人也正不断地详密解析九州的中世史。凡此种种，各自
本着自己的地域立场，阐明其地域独特性的研究正踊跃
问世。

　　此外，各地县市町村地方史的编纂不断取得进展，
伴随这一过程的研究学刊的发刊也十分令人瞩目。我在
上文说从根本着手对过往的历史认识进行重新研讨的条
件正在不断完善，其底气便源自这样的现状。而且在此
潮流中，长年埋首于地域史研究的塚本学整理过往的研
究史，总结发表了《地域史研究的课题》（「地域史研究
の課題」、岩波講座『日本歴史』别卷 2、1975）这一纲
领性论文，同时在以《日本史是特异的吗》（「日本史は
特異なのか」、『歴史学研究月報』248 号、1975）为题
的小论文中，将日本国家史、日本民族史、日本列岛上
的人类社会史分别定义为不同的概念，并将最后一项定
为自己的发言立场。

　　塚本基于这一立场，在主张彻底挣脱依然牢固掌控我
们多数人认知的所谓"同一民族、同一居住地、单一民
族国家"的既成印象的同时，更进一步地认为世界史中
的地域观念——例如，把东亚地域视为一种在类似中华民
族、朝鲜民族、日本民族这样已经被认为存在的民族之间
形成的地域之类的观点——也不外乎是一种被既成印象牢
固桎梏着的观念。他还强调，"例如在 15—16 世纪，包括

30

五岛列岛、济州岛和舟山列岛在内的'倭寇'世界",以及日本海沿岸诸地域等,脱离民族国家框架的"地域"概念是可以成立的。

实际上,高桥公明在受到塚本的主张触动而进行的研究中,证明了在应仁之乱期间,以周防大内氏及其家臣团为首的濑户内海的海上领主们,以及到若狭为止的山阴道、北陆道地区的地方领主们,对于发生在朝鲜的祥瑞现象(被称为"观音现象"的瑞兆①),争先恐后地向朝鲜国王派遣庆贺使节。另外,伊势氏、山名氏等室町幕府最有权势的重臣和大名,也不惜对朝鲜国王致以最高级的敬意,以求取朝鲜颁赐的物资。看来,濑户内海和山阴、北陆地区,以及北九州的大名和领主的对朝关系实际上比以往一般认为的远为紧密。如果我们不用这种前提来理解的话,那么以上现象可以说是令人匪夷所思了(高橋公明「外交儀礼よりみた室町時代の日朝関係」、『史学雑誌』91-8号、1982)。应仁之乱也因此具有并不仅限于日本列岛一隅的战乱的意义。

高桥还介绍了被称为"夷千岛王"的人物将海带等物产作为贡品遣使进贡给朝鲜国王的事实(「夷千島王遐

---

① 朝鲜国王世祖李瑈逼迫年幼的端宗退位,得位不正,因此在位期间(1455—1468)利用观音现象、舍利分身等佛教祥瑞宣传统治的正当性。

叉の朝鮮遣使について」、『年報中世史研究』六号、
1981）。这也证实了塚本关于日本海沿岸地域的假说，即
便在北方史上也具备重要意义。① 而且，最近将倭寇活动
作为"海上历史"来叙述的田中健夫所著《倭寇——海
上历史》（『倭寇—海の歴史』、教育社、1982）② 也从以
上视角出发思考问题，在此基础上提供了很多富含启发性
的见解。

如前文所述，我对塚本和高桥的见解，以及田中的视
角完全表示赞同，我认为正应站在这样的立场上来考量地
域的历史。

作为本书主题所提出的日本列岛东与西的问题，也
不外乎是在略微宽泛一些的地域史研究中所做的一个微
小尝试。在此意义上，这样的一种区分也无非是现在所
提出的地域多样化理解模式中的一类而已，如果过分拘
泥于此去考虑问题，还会产生别的谬误。但是在本人主

———————

①　高桥的论文发表后，引起日本史学界的广泛关注，1980 年代后期
到 1990 年代，村井章介、长节子、米谷均、田代和生、桥本雄、
伊藤幸司等学者对"国王祝贺使""夷千岛王"等问题进行了深入
研究，批判了高桥的观点，认为上述使者大部分是对马宗氏假托大
内氏等名义派遣的伪使。1990 年代后，伪使研究成为日朝交流史
的热门课题。网野 1980 年代初论述的这部分内容已经落伍了，但
是提倡地域史的视角依然是日本学界的热门。

②　已有中文译本，见〔日〕田中健夫《倭寇——海上历史》，杨翰球
译，社会科学文献出版社，2015。

要学习和研究的日本中世时代的领域中，对于日本东西部两个地域的差异性的思考不仅是无论如何也无法回避的，而且也具备塚本所言及的日本列岛上人类社会历史的重要意义。

以下，我便尝试从这一视角来追寻日本前近代的历史，同时，在个人专业外的领域，则依据先学们的研究来进行叙述。

一　言语和民俗

——日本东西部的社会差异

东西两大方言的对立

众所周知，日语语言学学者大野晋著有《日本语的》（『日本語の成立』、日本語の世界1、中央公論社、1980）等书，提出了在印度南部的泰米尔语中寻求日语源头的新说，在各方面引发了很大的议论。我本没有就此说是否妥当来评头论足的资格，但是，关于大野在该书中特辟一章来强调日本东西部方言大有不同，以及日本东与西的异质性这一点，我却是外行看热闹地颇有共感。虽然大野的这些观点，自他的著作《日本语的起源》（『日本語の起源』、岩波書店、1957。另外，大野晋·宫本常一『東日本と西日本』、日本エディタースクール出版部、1981 一书收集了其主要论述部分）在二十年前问世以来，可说是一以贯之地未曾动摇，但过去阅读该书时的新鲜感实在令人难以忘怀，我会像现在这样别出心裁地思考东和西的问题，其中的一个因素是受到了大野观点的强烈刺激。

当时，大野关于日本东和西的差异如是说道："在各方面都有深远对立的东西部，无论是人种、文化，还是语言，都作为一个复合体而存在。"他在《日本语的形成》中则指出，"我们最好认为，日本东西部亘古以来就有不同系统的人种或民族居住生活着"。他以此为观点，谈及了东西差异对日本中世史和近世史的影响。可以说，大野先生的这一观点愈加透彻了。

当然，相对于前著中比较强调日本西南部和南方文化之间的纽带，大野的后著则重点提示了关东、东北方言和泰米尔语的类似之处。在关于这些事实的具体处理上，大野自己也是大幅度地摇摆不定，对此自然也会生出不少异议。就我自己的体验来讲，我曾经就这些问题请教我在名古屋工作时的同事野村正良先生，他是一个站在自己独特立场上不断探究东西方言差异问题的出色学者，也是我非常尊敬的前辈。在一场酒席上我就这个问题向他提问的时候，记得他当即冒出一句"西国方言就是朝鲜语的变形啊"。虽然这是酒席上的风谈，也许有我听走耳的地方，但这句话给我留下非常深刻的印象。

可以预见，这些讨论今后会变得更加活跃。以东西部
的分界线究竟何在为代表，关于各种细节问题恐怕也会有
种种看法。不过，正如马濑良雄详细叙述的那样，东西词
汇差异、两大方言互相对立的大格局的存在，是在日语语
言学、一般语言学的范畴内被广泛认可的事实（「東西両
方言の対立」、岩波講座『日本語』11 所収、1977）。

详细的内容请参考大野的著述和马濑的论文，归纳其
要点的话，大概有以下几点。

根据马濑引介的牛山初男的研究，如果从"行カナ
イ"和"行カン"（不去）、"コレダ"和"コレヂャ"
（这个）、"白ク"和"白ウ"（白色的形容词"しろい"
的连用形しろく）、"受ケロ"和"受ケヨ"（接着吧）、
"買ッタ"和"買ウタ"（买了）等词语发音区别的分布
状态来观察东西方言的界线的话，那么这条线"基本上
北起新潟县和富山县，南接静冈县、爱知县"。关于"オ
トトイ"和"オトッイ"（前天）、"ヒコ"和"ヒマゴ"
（曾孙子）、"カリル"和"カル"（借）等词语的东西两
种发音，也以这条线为分界。

不过，在长野县的南部和静冈、爱知等地，所有要素也
未必都由这条线一刀切地分开来。大野先生认为，相对于
东部方言将辅音作强而长的发音，并使用"ウソッパチ"

日本历史上的东与西

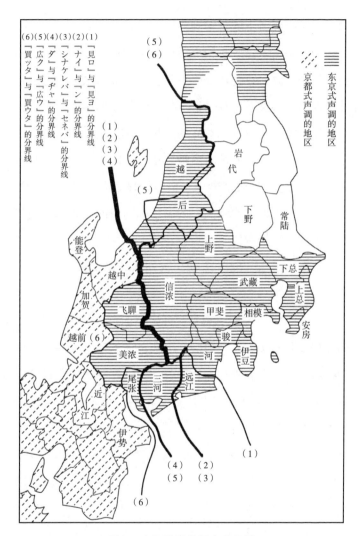

図1 中部地区的语言分界线

说明：方言分界线依据明治36年（1903）的国语调查委员会的调查。

资料来源：大野晋『日本語の起源』。

（意同 "嘘ばかり"，即说谎成性）、"ヤセッポチ"（瘦高个）那样的促音，即所谓辅音式语言，西部方言则是以元音为中心的元音式语言。其交界处可以在岐阜、爱知与富山、石川、福井、滋贺、三重的边境线上探寻，但关于其声调，则尤以岐阜县的河流揖斐川为境，可以分为东京式和京都式。当然，这一切不是全都可以按照东西来划分的，也有很多例外。尤其是马濑所指出的，东部的语言特征也分布在九州和山阴地区的很多地方，如果结合考虑到后文将提到的九州和东国、山阴和东北的关系，那么可以说这是一个非常有趣的事实。

　　这样一种东西方言对立的历史相当悠久。在战国时代，公卿三条西实隆在其日记中记载了 "京ヘ筑紫に坂東さ"① 这一地方用语特征的事例非常有名。生于葡萄牙的耶稣会传教士陆若汉（João Rodrigues）也在其著作《日本大文典》中注意到了东部方言的特征，指出三河以东地方说话腔调粗浊而尖锐，会把前面提到的 "白ウ" 发成 "白ク"，把 "買ウタ" 发成 "買ッタ"，等等。我们以此可以明白过去四百多年前的语言特征一直持续到了现代的事实。但和以上事例多少有些不同，东西语言的差别还可以追溯到一千多年以前的奈良时代。也就是说，我

----

① 即在指示方向的助词上，京都用ヘ，筑紫即九州地区用に，而坂东即关东地区用さ。

们可以透过《万叶集》所收的东歌、防人歌来了解这一点。

大野晋将当时被称为"吾妻"（アヅマ）的东国分成三个地区：第一"吾妻"即现在的关东、东北地区，即箱根以东地区；第二"吾妻"则在甲斐、信浓、骏河、远江（现山梨县、长野县、静冈县）诸国一带；第三"吾妻"则在飞騨、美浓、尾张、三河（现岐阜、爱知两县）诸国一带。并且"トリガナク"（鸡鸣）这一枕词①自身，就说明了东国和都城的发音不同。大野先生指出，在第一"吾妻"地区，"イヅチ"（何方）会被发成"イヅシ"，"ツキ"（月亮）会被发成"ツク"，动词的命令形会像"起キロ"（站起来！）那样以"ロ"接尾，构成了一个特色浓厚的方言区划。在第二"吾妻"地区，不仅动词命令形会用"ロ"，而且像将"オモ"（表面、颜面）发成"オメ"那样，其元音エ和オ的发音区别也是含混不清的。关于第三"吾妻"地区的语言发音没有资料，但恐怕多少会存在一些东国的特色。

在平安时代初期的史料《东大寺讽诵文稿》中有所谓"毛人方言、飞騨方言、东国方言"的提法，马濑推

---

① 枕词，冠词。见于日本古时歌文（尤指和歌等）中的修辞法之一，冠于特定词语前而用于修饰或调整语句的词语。五音节的词最多，也有三音节、四音节或七音节的。

测其中的"飞驒方言"或许就相当于第三"吾妻"方言。这份史料把被认为是阿依努语的"毛人方言"和"东国方言"一样归纳为"方言",这一点也引发了我的兴趣。

人口的移动

不论如何,上述研究得以揭示,日本东西方言之间存在深刻的差异性。大野先生以这些日语语言学上的事实为基础,又追加罗列了人类学、考古学和民俗学等领域的丰富成果,从而导出了上文所述的推论。例如,关于 ABO 式血型的分布,东北地区 B 型血者较多,而西南地区则 A 型血者多;关于指纹,东北人多呈波流状,而西南人则多螺旋形,其数值分布的边界线也和中部地区与近畿地区的边境一致,甚至连 B 型肝炎的抗原决定基的地域分布都被援引了。但对于我来说最为有趣的内容是大野先生基于臼井竹次郎、方波见重兵卫、金子功诸人的调查报告而罗列的东西男女结婚率和人口移动的状况。

根据上述的调查报告,研究者将日本分作东部(新潟、长野、静冈以东)、中部(东海三县)、西部(北陆三县以及近畿以西)三个区域,再调查各区域的新婚夫妇结合的情况,结果显示:东部男和西部女结合占比为6.4%,相反西男东女的结合则占比为9.3%;而东部和西

38

39

部的本区域内的男女婚配则占了九成之多，而中部的情况略与西部相近。这是昭和四十年代的事实，令我吃惊不小。并且，关于人们居住于户籍地和现居地的占比，如采取大正时代的数据，并将刚才列举的中部囊括在西部之内来比较的话，则可得出以下数据：出生于东部而居住在西部者只占1%；相反，出生于西部而居住在东部的情况则占2%；余下97%的人口都居住于户籍地。

当然，我想现在的情况没那么极端，不过正如大野先生所说的那样，从整体来看日本东西部之间的人口流动规模确实很小。

我十来年前在东京的都立高中工作过，学生中去名古屋以西的大学就读者屈指可数，他们反倒是会去考东北和北海道的大学，想来往西也是差不多去到长野、静冈一带为止。这大抵也可以视作同等现象吧。

表 1　东西部男女的婚姻状况

丈夫户籍地	妻子户籍地		
	日本东部 （关东圈）	日本西部 （中京-关西圈）	总计
日本东部	140358 件	12053 件	152411 件
	92.09%	7.91%	100.00%
	90.43%	7.86%	—
	45.50%	3.91%	49.41%

丈夫户籍地	妻子户籍地		
	日本东部 （关东圈）	日本西部 （中京-关西圈）	总计
日本西部	14856 件	141225 件	156081 件
	9.52%	90.48%	100.00%
	9.57%	92.14%	—
	4.82%	45.78%	50.60%
总计	155214 件	153278 件	308942 件
	—	—	—
	100.00%	100.00%	—
	50.31%	49.69%	100.00%

说明：（1）调查数据的时间范围是昭和 42 年（1967）8 月至 12 月；

（2）此处将中京圈算作日本西部；

（3）每个单元格内第一行是婚姻件数，第二行是从夫方看妻方出身占比，第三行是从妻方看夫方出身占比，第四行是相对于婚姻总数各种组合的婚姻所占百分比。

资料来源：『日本医事新报』昭和 47 年 5 月号。

习俗的差异

这些事实摆在眼前一看，让人不得不设想在日本的东西联结上会有一些起到相互拒斥作用的条件。不用多说，语言差异起到了很大作用。但是在此之外，我们更加应该把前面提到的过年吃三文鱼还是鰤鱼，年糕形状是方还是圆等东西习俗的差异纳入考量的范围。即便像我这样少年

40

时代在战争中度过，肚皮饿起来不拣什么都拿来填肚，对环境变化非常钝感的人，都无法否定自己在名古屋生活的最早阶段，多少有些感觉不适应，如果是神经更加敏感的人，光就这点异样感就会引发他对久居此地的排斥反应吧。

关于此种东西民俗差异的问题，在民俗学方面已经有人做出各种各样的论述。这里只是试举几个我偶尔过目的例子加以说明。

最近，民俗学者从各种角度对将日本人只当作水稻耕作民族的通行观点提出了疑问。发表了《芋头和日本人》（『イモと日本人』、未来社、1979）这本有趣著作的坪井洋文便是其中一人。坪井注意到，在过年时候不用年糕，反而忌讳吃年糕的民俗——"没有年糕的正月"的民俗现象广泛分布于各地。他对此进行详细调查，结果搞清了过年有此类习俗的人们一般以荞麦、小米和豆子等杂粮，以及芋头、萝卜和芜菁等旱田作物作为当年幸福和丰收的象征，并进一步指出其根源乃火耕文化。若以本间岁先生制作的分布图（参照图 2）为依据，分析将芋艿、山药作为年节仪式中心的地域，再将刚才大野晋所指出的语言东西差异、江坂辉弥从考古学立场看到的东西区分（『日本文化の起源』、講談社、1967）等要点重合在一起加以观察的话，我们可以注意到，过年特别重视山药的地区，基本和大野晋提到的第一、第二、第三"吾妻"地区，即日本东部相对应。

山药
▲ 正月（贺年仪式及正式过年时的食物）
▲ 五月五日（播种仪式的食物）
△ 九月十三日（收获仪式的食物）
△ 其他

芋头
● 正月
◐ 五月五日
○ 八月十五日及九月十三日
◑ 其他

图 2　以芋头作为节令食物的地域分布

资料来源：本間トシ「儀礼食物としての芋」、『史論』18 所収。

如同后文将要叙述的那样，据说相比于日本西部的水田稻作优势地位，日本东部旱田耕作在整体上占了压倒性优势，但不光是一般旱田，若把在制度上几乎没被当成一个问题的"畑"（到中世为止，只要是火耕地，肯定会用这个字来标记）包含进去观察的话，这一倾向想来会更加明显。坪井的以上观点，不得不说正与此相对应。

坪井在最近的力作《民俗研究的现状和课题》（「民俗研究の現状と課題」、『国立歴史民俗博物館研究報告』第 1 集、1982）中，以更加尖锐和鲜明的形式阐述了这个论点。他一方面对既存在"选择稻米的日本人"，同样也存在"拒绝稻米的日本人"的实际情况加以阐明；另一方面对"日本文化＝稻作单一文化"的论点痛加批评，强调在作为日本农村基础的民俗文化中，存在稻作民的农耕文化和畑作民的农耕文化（参见同著『稲を選んだ日本人』、未来社、1982）。

43　　　另外，木下忠推进了将民俗学和考古学融会贯通的独特研究。他在题为《绳文和弥生——两种种族文化的重合》（「繩文と弥生—二つの種族文化の重なり」、『埋甕—古代の出産習俗—』所収、雄山閣、1981）的一篇极其有趣的论文中，聚焦于产后胎盘的填埋方式存在埋在门口和埋在产房的地板和边缘下的两类风习，并且阐明了前者系绳文时代以来的习俗，后者则是扎根于弥生时代的风习，后者尤其同忌讳血秽，以及恐惧生产和月经带来的污秽的习俗有密切关联。根据在全国范围内调查这些习俗分布的结果，可以指出前者分布于以南关东和长野县为中心的东北、中部，即日本东部，后者则广泛覆盖了近畿、中国①、九州地区，即日本西部。

但是，我们也可以看到一些明显的例外，比如前一种做法存在于出云地区②，而后一种做法也分布在北关东、南奥羽。木下先生一方面将其各自和绳文、弥生文化的模式关联起来，加以富有启迪的说明；另一方面，也注意到沿海地区习俗的特异性。我认为必须对这些地域差异的意义认真地深加追究。另外，这从大体上来说，也可以举为东西习俗差异的一个事例。

家族与村落

宫本常一民俗学的视角

通过推进这样的个案研究，以东西差异为起点，日本 44
全国各地的丰富个性正被逐渐厘清。且有一人，以可谓超人的精力调查了全国各地的村落，并透过他人难以轻易赶上的敏锐观察力，不断地探究日本东西部民俗的种种差异

---

① 日本所谓的"中国"地区指位于畿内和镇西（九州）之间的山阴、山阳两道地区，包括今天的冈山、广岛、山口、鸟取、岛根五县，具体可参考本书第十三章的论述。

② 相当于现岛根县东部地区。

之处，此人就是前文提到的宫本常一先生。虽然他最终未能将这一主题内容凝聚为一册而驾鹤西去，但其庞大的著作群随处都提及了这一问题。

比如在《常民的生活》（前揭『東日本と西日本』所收）一书中，他指出了东西部的种种不同之处：东边的"イロリ"（围炉里）和西边的"カマド"（灶)①，农耕用畜的东马西牛，"背负子"②的东西差异，东边的内衣裙裤和西边的兜裆布，东边的澡堂"汤"和西边的澡堂"风吕"等。他又在《从民俗所见之日本的东与西》（「民俗から見た日本の東と西」、宫本常一著作集3『風土と文化』所收、未来社、1967）一文中指出日本西部多有在盂兰盆节祭奠孤魂野鬼的风俗，逐鸟仪式③则分布于日本东部，等等，细致地回溯了各种每年定期举行的仪式活动的地域差异。他强调这样的研究在今后是必要的，同时指出从整体看，日本西部的民俗活动多半依据官历，日本东部则不怎么重视官历，东西民俗差异逐渐减小的原因在于水田稻作的广泛分布和官历的普及等值得注意的现象。

45　　　另外，宫本还在其遗著《从绘卷物所见之日本庶民生活

---

① 两者都是和式房间里用于取暖的地炉。
② 背篓。
③ 在旧历正月十五，农家让小孩子唱逐鸟歌谣，用逐鸟棒驱赶害鸟，预祝作物不受鸟害的一种咒术习俗，在江户时代成为民间艺能的一种。

志》（『絵巻物に見る日本庶民生活誌』、中公新書、1981）中，提及在日本西部，随处可以看到孕妇生产时为其修建产屋的民俗，而日本东部的此类例子很少，日本西部民俗中会想象大海的彼岸存在常世世界①，而日本东部就不大有这类思想。这恐怕暗示了晚年的宫本就这一问题的看法。

不过，按照我的理解，在这些多种角度的分析中，宫本最为着力阐述的内容，是日本东西之间家族和村落的形式差异。

要说家族的话，日本东部是以围绕本家的同族关系为主轴，一子单独继承的倾向很强，次子和三子在分家的时候只能从家中分到一些边角零碎田产；与之相对，日本西部的家族之间以婚姻为纽带的团结性极强，像百姓株②也能分割一样，可以看到存在分割继承的情况，家长宣布隐居，把家让给长子，亲自去开拓土地的事例极多。另外就女性的立场来看，宫本强调在日本东部，媳妇必须时刻仰公公婆婆的鼻息度日；相对于此，日本西部的媳妇就更自由，在家庭中主妇起到的作用便大些。

再者，关于神社的形式，宫本先生指出，在日本东部村子里的神社非常简陋，多半隶属于村中有势力的人。而

---

① 常世即黄泉、阴间。
② 江户时代的村民合法身份，包含了家名和家产的所有权和继承权，可以买卖。

46　日本西部的神社祭祀村落共同信奉的神祇，以宫座①组织
　　支撑运作，由全体村民的力量维持。

　　　宫本先生说，这些不同差异，起因于日本东部是父权
制社会，男性户主的权力很大，以"亲方"②、主人为中
心的主从制关系发达，是一种以家族为中心的社会；与之相
对，日本西部则是母系性强的社会，女性和主妇的地位高，
比起家族，更加重视全村的协同，以由婚姻等形式为纽带结
合的各个家族的协作来维持社会秩序，是一种以村为中心
的社会（前揭『宫本常一著作集』第 1、2、3、21 卷）。

　　　在日本东西部的各自特征之中，出身于周防大岛这一
日本西部的濑户内海离岛的宫本先生明显地偏向日本西
部，相比武士风气浓厚的日本东部，他更对农耕社会和农
民性质深厚的日本西部感同身受。宫本严厉批判了意图将
奴隶制、农奴制形式的领主支配作为着力点来理解日本中
近世社会的历史学家（比如石母田正），同时对于将村落
百姓团结看作社会基础的历史学家（例如清水三男）就
给予很高评价。

　　　虽说如此，若对上述东西民俗、社会差异加以仔细观

---

①　宫座是只由村落成员组成的祭祀仪式自治运营组织，以定员有限的
　　排他性，以及内部存在例如老少年龄序列那样的上下之别为特征，
　　主要分布在以近畿为中心的日本西部。
②　这里指的是大家族中的本家。

察，当然能够发现各种问题。宫本先生自己也对一刀切的做法非常谨慎。但是不得不说，实际上他仍然巧妙地概括了两者的特色。

47

有贺喜左卫门、福武直的社会学研究的视角

实际上，社会学领域从与宫本常一完全不同的角度出发，探究日本家族和村落模式，也已经在很早以前就提出了几乎相同的观点。

有贺喜左卫门自二战前以来，就以深厚的民俗学造诣为学术背景，通过对家族制度和租佃制度的研究，在日本的社会学领域留下了很大业绩。他很早以前就已将同族和"组"两类模式设想为日本家族联合的两种类型。有贺先生在这两者间的前者中发现了"日本的特质"，虽然他并非总是将其联系到地域差异问题上来论述，但可以说这个论述和冈正雄先生提出的见解有重合之处，即所谓同族组织的分布从东北地区到中部地区表现得十分明显，而年龄阶梯制则显著分布于西部以及西南地区（『異人その他』、言叢社、1979）。

恐怕是从这些论述中得到了启迪，在二战后不久的 1949 年，福武直通过对经过农地改革而发生剧烈变化的日本农村社会的调查，发表了《东北型农村与西南型农村》（「東北型農村と西南型農村」、『日本農村の

社会的性格』所收、東大協同組合出版部、1949，该书后来在 1975 年由东京大学出版会重刊，并收录在福武直著作集内）这一非常有意思的论文。他将有贺先生提出的两种类型作为日本东北和西南的农村形式来加以论述。

48

福武首先将秋田县大馆附近的村落作为东北型农村的例证提出，指出在这个地区，在家族中，相对于继承了家督①，被称为"アニ"（兄长）的长子，被称为"オンヂ/オヂ②"（弟弟）的次子和三子虽然算不上是用人，却过着如兄长仆从一般的生活。并且，该地区家族中的分家不仅要对本家行"从臣之礼"，而且其农耕活动也要在基于本家分家关系的紧密协作中进行。这种本家分家关系甚至牵连到分家的分家——"孙分家"，并把没有血缘关系的"奉公人"（家仆、下人）分家也囊括其中，带有浓厚的主从制性质。引人注目的事实是，这一点还贯彻到了当地的地主佃农关系之中，对于既是"亲方"（老大、头目）又是本家的地主，佃农的立场则是"子分"（部曲、喽啰）和别家，其间可以看到牢固不破的家族主义关系。并且本家的氏神既是同族一起供奉的神祇，同时也是村中的土地神，在这些地方也可以看出东北型同族结合村落的

---

① 即家长之位。
② 秋田方言中的弟弟，承蒙龟田俊和先生赐教。

典型模式。

另外，福武通过对冈山县吉备町的调查，论述了西南型农村的实际情况。它和东北型不同，其农户一家的家族成员在江户时代末期已经简化到了四人到六人的程度，在兄弟娶妻之后进行分家，次子和三子会分到三成到四成的土地，其地位绝对谈不上"只得残羹冷饭果腹"的地步，家长的权威也不及东北型。49

而且，在这个地区存在被称为"株内"的血缘集团同族组织，它固然有一定作用，但没有东北型那样强固，由地缘关系另行组织起来的"组"，以及通过葬礼、祭礼和宗教等种种功用组织起来的"讲"，很大地规制了村人的生活。并且该研究也注意到该地在村政方面很早就采纳了选举形式，缺乏固定权威等方面。通过这样的分析，福武认为西南型农村的特点是"讲组"式的横向连带结合，和东北型大有不同。

可以试着把福武直所设定的日本农村东北型和西南型的特征，与冈正雄的观点，以及前面提及的宫本常一所强调的日本东西部家族与村落的特征进行比对。两者间如同互相洞悉且沿着对方观点脉络而娓娓道来一般协调。不得不说，冈、宫本、福武诸先生的研究不期而同地告诉我们，东北和西南，以及日本东西部之间的农村、聚落和家族的实际情况存在如此显著的差异。

50　　　过往，在历史学家之中，将这种区别的存在看成发展阶段差异的观点占了支配地位。一种看法称，东北比西南落后的原因是生产力低下，虽然西南型的农村不能算是一种理想形态，但是东北型的农村组织在崩溃以后，在父权制社会支配下的农民走向自立而向西南型靠近，此乃一种历史进步。与之相反的另一种可能成立的看法则认为，东北型的同族结合正是日本家族的本质形态，西南型乃其变种形态。

　　　但是在东北型农村中，处于隶属立场的农民在获得自立之时，真的能立起宫座一类的组织吗，也能搞出年龄序列制吗？另外，西南型的村落可以说是东北型家族解体后形成的模式吗？恐怕实际并不是这样一回事吧。

　　　不过我们只要一度跳出这种观点对立，通过刚才列举的语言和民俗等角度来观察东西之间的差异，并将民俗学和社会学所提示的日本东西部村落家族的结构差异重合在一起加以考虑的话，将这种差异用孰先进孰落后、孰为本质孰为变形这样的观点进行处理的做法本身便无法成立了。这一点难道不是明确地表示，这个问题并非可以依靠此类方法就能简单处理的吗？我心头不容分辩地涌出一个疑问——这类处理问题的思路，果然还是像本书开始提到

51　的那样，是从把居住在日本列岛上的人类集团从起初就看

成铁板一块的看法中衍生出来的吧。

对于现在的我来说，今后自然要朝此疑问所向之处迈进，先将东与西作为相互间独有的两种模式来把握，并思考其差异能够追溯到哪里。但如前文已经多少涉及的那样，关于这一差异的问题，考古学领域已经提出了种种见解。我在这方面虽然完全是门外汉，却想要在当下一边介绍一些我眼力所及的该领域成果，一边来追寻一下东西差异的根源，并由此开始论述这一问题。

二 从考古学看日本的东与西

石器述说的东与西

二战后考古学的发达景象，诚可谓令人瞠目结舌，不论是在所谓的史前时代还是历史时代，新发现的报告纷至沓来，如今无论如何也不是门外汉可以够得着的境界了。

所谓日本的文化从绳文时代开始的说法，现在已经属于陈年旧说，可以确认的是，至少从比距今三万年前更久远的旧石器时代早期开始，就在当时仍是大陆一部分的日本列岛上发现了人类的活动。芹泽长介将从此之后到距今一万三千年前的阶段定义为旧石器时代晚期，而日本东西部的差异早在两万年到一万五千年前的远古时代就已经明确地表现出来了。

根据芹泽先生的说法，在东北和中部地区日本海沿岸
一侧，发现了以黑曜石、硬质页岩为原料，形如细长柳叶
的杉久保型石匕首，它是通过纵剥技法制作出来的。相对
于此，在日本西部以濑户内海为中心的地域，则分布着用
横剥技法制作，以赞岐岩为原料的国府型石匕首（『古代
史発掘 1 最古の狩人たち』、講談社、1974）。

也就是说，在石匕首的材质和石器制作的技法上，东
部与西部有很显著的区别。

并且，据说在进入了紧接这一时期的细石器文化时期
之后，这一点就变得更加鲜明了。而且在细石器文化以后
的有舌尖头器文化中，甚至在东西部发现了完全不同的石
器形制（鎌木義昌「旧石器時代論」、岩波講座『日本歴
史』1 原始および古代 1 所収、1975）。

对于这种文化差异，安田喜宪从环境考古学的视角出
发，在植被和动物分布区别等"围绕当时人类的生态条
件的不同之处"中寻求原因。安田指出，前面提到的杉
久保型石匕首分布的地区乃亚寒带针叶林（以鱼鳞云杉、
库页冷杉为主）地区，而国府型石匕首的分布地区则广
布着针叶阔叶混合林和冷温带落叶阔叶林（粗齿栎、日
本七叶树、胡桃树等），东部的细石器文化（与荒屋型雕
刻刀配套）中有明显的亚寒带要素，而西部的细石器文
化（以半圆锥形石核为特色）则带有强烈的南方落叶阔

叶林（枹栎、山毛榉、疏花鹅耳枥）的温带要素（『環境
考古学事始』、NHKブックス、1980）。东西部文化差异
竟在两万年前便已生根，实在令人惊异。

图3　匕首型石器文化的地方色彩

资料来源：基于安田喜憲『環境考古学事始』所载图绘制。

绳文文化的地域差异

在进入绳文文化时期之后，这样的地方差异也明显地被延续下来了。绳文文化是遍及整个日本列岛的文化，从这一意味上，人们一直以来都声称它构成了日本文化的底色。镰木义昌虽然指出，"在绳文文化孕育的人类生活里，在导入某种特定的文化要素等文化变迁的过程中确实存在近似性，这使得各地基本保持了相同的发展步调"；但他也认为"不得不说，各地域存在生活差异，产生了可谓孤立性的地域特征"，我们也不可对这一方面视而不见（「縄文文化の概観」、『日本の考古学』Ⅱ所收、河出書房新社、1973）。

至少在据说延续了数千年的绳文文化时期，伴随着采集、渔猎生活的深入发展，地域差异透过早、前、中、后、晚等各个时期（或者按照冈本勇最近的区分，可分为形成、发展、成熟、终结四个时期），呈现了相当复杂的景象。我虽觉得北海道、东北、关东、中部、西国（近畿、中国、四国）、九州等地域的原型轮廓已经朦胧地展现，但试观镰木义昌所制作的地图（参照图4），果然日本东西部的差异已经鲜明地呈现出来。

特别是见于绳文时代早期的日本东北部的沉线纹土器与西南部的押型纹土器形成了十分鲜明的对比。经过前、

56

中、后期的多样化发展，在进入绳文时代晚期以后，日本东部再一次出现了纹样极其精致且复杂华丽的土器，这种具备实用性功能之外要素的土器被大量制作，其中最具代表性的就是龟冈式土器，它被称为狩猎文化的极致体现，而这种文化是伴随着弓矢令人瞩目的发展而形成的。与此显著不同的是，日本西部的土器在器口边围有凸起部，粗杂简朴，器形统一，完全没有纹样。

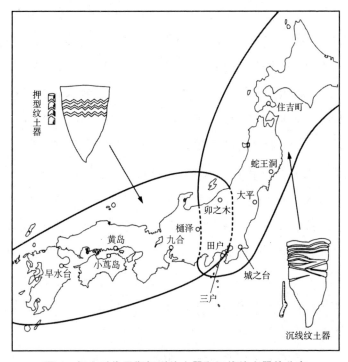

图 4　绳文时代早期押型纹土器和沉线纹土器的分布

资料来源：镰木制作的原图。

总体而言，在整个绳文时代，日本西部的遗迹显得贫弱异常，而日本东部则产生了复杂多样的文化，这是一个明确的事实。在采集渔猎文化上，日本东部毫无疑问地占了优势地位。

对此，山内清男解释称，日本东部绳文文化繁荣的基础之一是丰富的鳟鱼、三文鱼与橡子、栎树子等坚果类的食物搭配。这个一般被称为"鳟鱼、三文鱼论"的说法虽然确实很有魅力，但是很难说有确切论证，尚不出假说之范畴。看来，这方面还是遗留了许多今后可待研究的问题。

另外，安田喜宪还认为东西部差异的根源在于植被的根本不同，他将广泛分布着以山毛榉为中心的冷温带落叶阔叶林的日本东部，与广泛分布着以米槠树、橡树为核心的照叶林的日本西部进行对比，指出在狩猎、采集经济的原始社会中，前者更能有力地支撑人口繁衍。这个论点也得到了小山修三的推算数据的印证，根据小山的推算，在绳文时代中期，除北海道以外的日本列岛的人口总数大约为二十六万，其中大部分分布在东北地区南部到关东、中部地区的内陆部分，日本西部只有两万左右的人口，只占总人口的 7.7%。

60

61

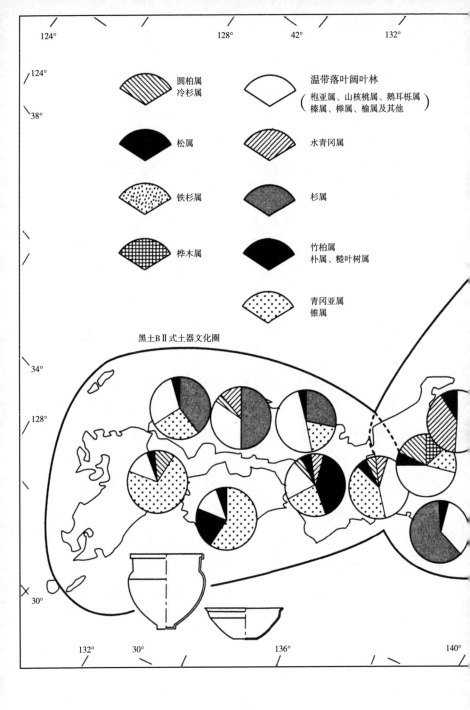

圆柏属
冷杉属

温带落叶阔叶林

（枹亚属、山核桃属、鹅耳枥属）
（榛属、榉属、榆属及其他）

松属

水青冈属

铁杉属

杉属

桦木属

竹柏属
朴属、糙叶树属

青冈亚属
锥属

黑土BⅡ式土器文化圈

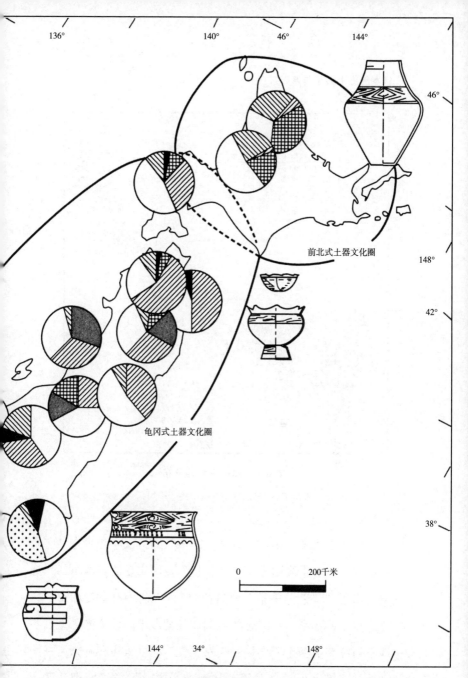

图 5　绳文时代晚期，基于各地花粉分析的结果和土器样式划分的文化圈

资料来源：安田喜憲『環境考古学事始』。

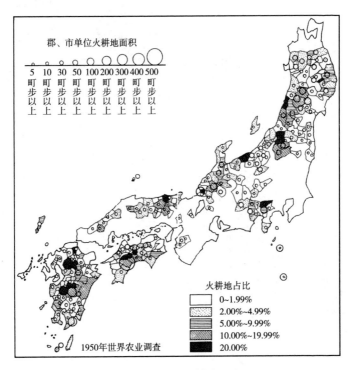

郡、市单位火耕地面积

5   10   30   50   100 200 300 400 500
町   町   町   町   町   町   町   町   町
步   步   步   步   步   步   步   步   步
以   以   以   以   以   以   以   以   以
上   上   上   上   上   上   上   上   上

火耕地占比

0～1.99%
2.00%～4.99%
5.00%～9.99%
10.00%～19.99%
20.00%

1950年世界农业调查

图6　日本的火耕地分布

资料来源：佐佐木高明『日本の焼畑』。

　　基于这些考古学、民族学、民俗学乃至农学和生态学
的研究，佐佐木高明先生认为，自然资源丰富的日本东部
发展出了"成熟的采集、渔猎社会"，与此相对，资源贫
瘠的日本西部到了绳文时代后期和晚期占中心地位的仍是
以杂粮和芋类为主要作物的火耕农作，而以采集和狩猎活
62　动补其经济之不足，以照叶林地带为中心形成了所谓的

"初期农耕社会"（『稲作以前』、NHKブックス、1971。
『日本の焼畑』、古今書院、1972）。

这也是与坪井洋文的见解相呼应的一种观点，不可不
谓是相当值得注意的研究。

今后这一领域研究的进展，令人抱有很大期望。不
管怎么说，前述旧石器时代日本东西部的差异在进入绳
文时代以后越发深刻，不仅其对比更加鲜明，而且能够
从中看到一种可以说是"先进"和"落后"的地域差
距——在这里，日本东部明显属于"先进地域"，我们
必须留心这一点。不过正如众所周知的那样，到了绳文
时代晚期，以水稻耕作为基础，和铁器、青铜器等金属
器具制作相结合的弥生文化流入北九州后，此种状况为
之一变。

弥生的东进和绳文的抵抗

关于水稻耕作文化传入日本的途径有三种说法：一说
称从中国华北地区经朝鲜半岛流入；一说称从中国华中
（江南）地区经朝鲜半岛南部流入；一说起源于中国华南
地区，虽然其流入的路径尚无定论，但据说自"北九州
的一角开辟了最早的水田"开始，水稻耕作文化大概在
几十年的短时间内，传播到了日本西部，即公元前200年

63　到公元前 3 世纪后半叶的所谓弥生文化。不过它在扩散到太平洋沿岸的名古屋地区，以及日本海沿岸的丹后半岛之后一度停止了。因此，弥生时代前期便出现了所谓弥生文化的日本西部和绳文文化的日本东部这一显著区别，这一现象持续了一百年以上。

虽说这是因为从北九州传入的水稻品种感光性强，在日本东部无法栽培，日本东部要接纳水田稻作，尚须等到感湿性强的水稻品种出现才行。但坦率地讲，日本东部绳文文化的狩猎采集生活在这时已经发展到了登峰造极的地步，弥生文化东进受到阻止的原因，定然是以此生活为基础的绳文文化的抵抗。

佐原真敏锐地捕捉住了弥生时代前期的上述情况（「農耕の開始と階級社会の形成」、岩波講座『日本歴史』1 原始および古代 1 所収、1975）。无须多说，后来日本东西部的民俗和社会结构的差异大抵根源于此。并且前文所谓日本东部"先进"和日本西部"落后"的关系，此时也完全发生了逆转，这在方方面面都影响了之后的历史。

根据佐原的说法，这一差异在弥生时代中期已呈现为
64　弥生土器等物品的地域差异和各个地域的特色。在日本东部出现的土器，虽是弥生土器形制，但繁密地装饰着绳文和用刮刀尖描画的曲线纹样，带有浓郁的绳文时代的传

统。就葬制来看，在以畿内为中心的地区通行的方形周沟墓的样式虽然也被东国接纳，但并不是像畿内那样埋葬多人，而是一墓葬一人，具有首长墓的性质。这也体现了后世所见的东西部社会的差异。

与此相对，日本西部分为以北九州为中心的西部地域和以畿内为中心的东部地域，前者以造型和表面精美著称的"须玖式土器"和瓮棺墓为特征，后者的特点则是饰有梳描纹样的土器和前面提到的方形周沟墓。尽管这种地域差异在畿内变得极其细微，但我们必须注意的是，分别以北九州和畿内为中心的日本西部两个重要地域的形态已经出现。

根据最近的研究进展，关于这两个地域的青铜器，以往所谓"铜剑和铜矛的北九州"和"铜铎的畿内"的分布定式面临着极大的挑战。佐原在对照了北九州的铜戈形祭器分布圈和横跨畿内到中国、四国地区的铜铎、铜剑形祭器分布圈后，支持将从对马岛到四国南部地区矛形祭器的分布现象与外洋航路的祭祀联系起来进行解释。并且，佐原基于两个现象——畿内—濑户内海地区发达的石造武器的出现和拥有军事性质的高地性集落的发达，推测早在弥生时代中期，北九州与畿内的政治势力之间便存在对立。但不管怎样，这些事项在当时和日本东部尚无关联。

65

在日本东部，虽然稻作和铁器已经传入并得到一定程度的发展，但不得不说至此日本东部的"落后性"已成定局。另外，在绳文时代晚期已经逐渐成为一个文化圈的北海道，尚停留在完全位于弥生文化影响之外的所谓续绳文文化中。本州东北地区的北端是否被囊括在此之中，尚存两说，但日本东部的北方和南方——东北和东国的地域差异，于此已开始萌发。并且，冲绳文化在与弥生文化持续交流的同时，已经孕育出独有的"南岛文化"。日本列岛的各主要地域，在这一时期已基本发展成形。

古坟的扩大

众所周知，近年来依然争议百出的邪马台国出现在接近弥生时代末期的 3 世纪后半叶。虽然我没有能力参与这一讨论，但其中石井良助很早就主张邪马台国位于大和一说，他在后文也会提及的论文《东国与西国——在上代及上世》（「東国と西国—上代および上世における—」、『大化改新と鎌倉幕府の成立 増補版』所収、創文社、1972）中认为，与卑弥呼女王国进行对抗的狗奴国就是毛野国，当时在东国已经存在和北九州、畿内地区不同的独立政治势力——氏族联合。将这个观点和当时的东西部问题联系起来看，诚可谓非常有趣。如同后文将述，毛野

66

氏势力的存在是确凿无疑的。

但是，根据汇总了最近考古学成果的甘粕健的看法，从3世纪后半叶到4世纪初，以前方后圆坟为代表，出现在以畿内和濑户内海为中心的日本西部的古坟虽然已经扩散到了九州东部，但出现在日本东部的时期要比这更迟一些（「古墳の形成と技術の発展」、岩波講座『日本歴史』1原始および古代1所収、1975）。而且伴随着古坟文化在4世纪后半叶可谓势头迅猛的扩展，定型的大型前方后圆坟不仅出现于中部和关东地区，也出现在位于东北南部的会津地区（甘粕健「古墳の出現と統一国家の形成」、『図説日本の歴史』1所収、集英社、1974），在北陆一带，前方后圆坟的风潮也传到能登半岛的根部以及富山平原，进入5世纪后则朝仙台平原延伸，向北上川流域散播开去。

在九州也是一样，古坟文化的影响力在4世纪后半叶扩散到了肥后和日向，在5世纪则将大隅纳入其影响范围。这样的情况自然是所谓的"大和朝廷"的"统治"范围扩大及其"征服"的结果。

话虽如此，也绝不是说仅凭这些，就能立即说明这么大的范围被纳入了大和势力的完全掌控之下。如甘粕所言，这一点反而也意味着在各地出现了地方豪族首领或地方首领的联盟通过结交大和王权，以大和王权为中心组织联盟来保障自己立场的情况。前述位于今天群马县南部的

67

毛野氏①，正是此类豪族首领。据说在南武藏、霞浦沿岸地带也有同样的势力。

如前所述拥有独特传统背景的日本东部社会，由于这一强烈的西来冲击，也必然呈现出崭新的动向。

不过，如果我们以绳文时代、弥生时代那样宏观的视角来观察古坟时代之后日本东西部的差异的话，实际上不得不讲，至少以古坟为中心的两者间的差异看来变得很小了。并且，不能否定的是，作为前文所述"先进"和"落后"关系演变的结果，日本东部被染上了日本西部——特别是畿内的色彩。以往的一切历史常识都以此作为出发点，这当然是一种把所谓"大和朝廷"对日本列岛大部分地区的"征服"当作日本历史起源的观点。如本书开篇提到的那样，根深蒂固地将日本视为单一民族、单一国家的"常识"也以此作为直接的起点。

确实，在这一时期，非常强大的能量以大和为中心喷薄而出。虽说在绳文时代中期，以出现于中部山岳地带的胜坂式土器为代表的文化，曾对日本西部的一部分地区施加了强烈的影响，但在古坟迅速普及的背后，我们当然可

① 毛野是律令制以前对今天关东群马、栃木一带地区的称呼，按照《先代旧事本纪》中的《国造本纪》，孝德天皇将毛野国分为上毛野国和下毛野国，即之后的上野国和下野国。这里的毛野氏指的是古代氏族上毛野氏。下毛野氏和上毛野氏一样，都以后文提到的丰城入彦命为祖。

以感知到比这种自东向西的文化辐射力更远为强劲而持续的能量，并且这一波强大的能量给尚且被笼罩在未开化的朦胧微光中的日本列岛带来了文明的光芒，这也是毫无疑问的事实。我并无意否定这一点本身。

但是，根植于两万年以来的历史中的东西部差异，以及存在于其他各地域间的区别，果然就可以因此被一笔勾销吗？光就古坟来看的话，姑且算是如此吧。但是我们以古坟为中心来考察这一时期，难道不是光盯着统治者不放，被其立场牵着鼻子走了吗？当我们用更广阔的视野俯瞰和庶民生活相即一体的遗迹和文物之时，难道就找不到东部与西部之间些许的不同之处吗？像前文根据大野晋的观点而提及的东西部之间的语言差异，肯定是以某种形式延续下来的。

无须特意梳理到最近的民俗情况，就像后文将详细叙述的那样，到 9 世纪，最晚在 10 世纪前后，日本东西部的差异依旧这般鲜明地凸显出来。一想到这点，我心中便不由得产生了上述念头。 69

现在，据说日本东部的庶民在整个古坟时代都居住在竖穴式住宅里，虽然和似乎很早就居住在平地住宅里的畿内乃至日本西部地区的人们相比，这个例子常被拿来说明东国的落后性。但如果像宫本常一所说的那样，在日本西部，远离街道居住的农民也使用的是竖穴式住宅，不仅在平安和镰仓时代如此，甚至到大正时代还是如此。那样的话，这个问题就没有道理被这样草草敷衍过去了。

最近，在东国也发掘出了田圃呈小方块状且井然有序的水田遗址，从这一事例看，水田的存在与否已然不能成为衡量东西部差距问题的线索了。另外，金属器具通过日本海海路，从不同于传入西国的路径传入东国的盖然性也相当之高（这点承蒙森浩一先生赐教）。这话虽不该由我这么一个考古学外行人来说，但到现在为止，如若还有那样一种下意识地从生活文化角度来考察东西部差异的考古研究成果的话，我务必想要一窥究竟。但如果这方面研究尚浅，那么我对今后这一领域的发展寄予极大的期望。

三　日本古代的东国和西国

大和与日本西部

在 5 世纪后半叶到 6 世纪的动乱之中，大和势力企图
加强对全国的统治。众所周知，其中抵抗大和势力最为顽
强者，就是北九州的势力。发生于 527 年的筑紫君磐井之
乱，即构成其抵抗活动最高峰的事件。从考古学成果来
看，据说从 5 世纪中叶开始，在北九州沿岸、九州中部的
有明海和八代湾沿岸，就出现了拥有强烈地域色彩和特性
的古坟文化，其特征为以石人、石马为代表的大型石造
物，以及施以纹样装饰的石棺、石室，古坟文化被认为和
朝鲜半岛上的文化有密切关联。

根据甘粕健的看法，在 6 世纪，这一文化的影响波及
以出云为中心的山阴地区中部，以及与濑户内海的海人集

团、从事炼铁的山地民相关联的吉备地区，这些地域存在的势力相对于大和的政治势力来说多少还是保持了其自身

71 立场（前揭『図説日本の歴史』1）。由此我们可以得知，在日本西部，以自弥生时代以来就拥有独特传统的九州为首，乃至山阴、山阳等地域的地方特性正在更加具体地成形。同时，在日本东部和大和王权对立者，就是前文提到的关东古代豪族上毛野氏的势力。

大和与日本东部——统合与独立

上毛野氏以介入武藏国的叛乱、与大和王权对立的传说，以及同虾夷交战的民间故事而闻名，石井良助将这一势力评价为在日本东部"同大和朝廷对立的独立国家"。在前文提到的论文（「東国と西国—上代および上世における—」、前揭『大化改新と鎌倉幕府の成立 増補版』所收）之中，石井从《日本书纪》中的记载——毛野氏之祖被认为是崇神天皇的皇子丰城命，他和继承了大和王权的弟弟活目命（垂仁天皇）并肩共治日本东部——出发，设想太古时代存在分割继承国土的习惯。同时，他认为产生这种传统的历史背景中，隐含了毛野氏"相对于大和朝廷，具有独立国家地位"的事实，而且前文提到的狗奴国正是其前身。并且在他看来，所谓的"大化改

新"不外乎是朝廷对日本东部独立国家的合并，在大化
元年（645）八月进行的"东国等国司"的任命也无非等　　72
同于明治维新之际的县知事任命，之后朝廷也在日本东部
临时设置了"东国总领"。

　　在这里，我们不能忽略的是，石井就日本列岛的地域
划分指出以下重要几点。"东国"一词自古以来用于指称
包含了从关东到陆奥的被称为"吾妻"的地区，从天武
天皇时期开始逐渐被用来指代东海道、东山道诸国——特
别是东海道、伊贺国以东的诸国；自此以后，曾经的
"吾妻"被称为"坂东"或"山东"，8 世纪中叶以降，
坂东八国和陆奥之间也被区分开来。同样，"西国"这个
词原本指代西海道，即"筑紫"等九州诸国，也是在 8
世纪中叶，九州因大和朝廷在一段时间内废大宰府、改设
镇西府而开始被称为镇西。但不论如何，石井对毛野氏的
评价，可以说是最强调日本东部存在独立势力的见解。

　　对此，井上光贞将日本东部视作大和王权新征服的地
区，认为大和势力在起初就将其作为"天皇直辖领"。之
后井上又对其学说加以若干修正，将日本东部的豪族首领
们看作属于司掌天皇家家政的"内廷"的国造。这是一
种强调日本东部对大和势力的隶属性的观点，可谓与石井
见解截然相反。

　　井上光贞在题为《大和国家的军事基础》（「大和国

家の軍事的基礎」、『日本古代史の諸問題』所収、思索
社、1949）的著名论文中举出了以下几点：可谓是天皇
亲兵的舍人由出身于日本东部国造的子弟构成，其中由日
本东部进献的人员也很多，在近旁服侍天皇的膳部中也能
看到同样的事实；冠有天皇和皇子名号的皇室直属民
"名代""子代"也广泛分布于日本东部。他以此断定在
大化改新前夕，天皇的军事经济基础在日本东部。

壬申之乱之际，大海人皇子，也就是后来的天武天皇，
以日本东部为基地取得了对大友皇子的胜利。在大化改新
之前，遭到苏我氏袭击的山背大兄王也欲据东国一战。而
且在律令国家成立后，被规定有义务前往九州担负三年边
防任务的防人也从东海、东山两道诸国，即日本东部的兵
士中征集。这些事例的背景全部可用上述观点予以说明。

而且古来担任天皇亲兵的佐伯部的构成人员被推定为被
征服的"虾夷"族人，他们被要求集体迁居到日本西部各
地。同样地，九州南部的"异民族"隼人被大和势力征服之
后，也被迫移居到畿内，他们在负责护卫天皇的同时，在天
皇车驾远行，通过国界与山河道路的拐弯角之际，还要表演
学狗叫的"俳优"① 节目。井上的观点也通过这些事例得
到了补充和证明，因此在这一层意义上，日本东部的居民

① 指以滑稽动作歌舞，以取悦神明或贵人。

也被强调是被征服之民。说得极端一些的话，从"异民
族"中征召的天皇亲兵可以说是一种"奴隶兵"吧。

其后，井上在论文《大化改新与东国》（「大化改新
と東国」、『日本古代国家の研究』所收、岩波書店、
1965）中，详细论述了前面石井列举的"东国等国司"
的实际情况和作用，并认为可以将之称为"东国总领"。
之后，他改变了以前将天皇支配的直辖地"倭之六县"
和东国视为同一物的看法，认为设置倭六县的目的是
"承认原有的支配关系和土地关系，甚至可以说是以调查
其实际情况为主要目的"，另外也兼有"由国家掌握武器
管理权，宣布禁止土地兼并和佃耕关系"那样"现实性
改革"的一面。

如井上自己所说的那样，他以关晃的批评为契机，多
少修正和缓和了一些在之前的论文中强调的日本东部对大
和的隶属性的说法，但是在另一方面，井上在"日本东
部地区的文化发展程度之低，难以和日本西部相比较"
这一点中寻求日本东部地位低下的理由，不得不说这一点
也贯穿了他之前的论旨。

井上的观点与前面提到的那种认为古坟文化基本将日
本列岛涂画成了同一种颜色的观点是联系在一起的，这种
观点认为，日本东部被大和王权征服，被当作和日本西部
不同的新征服地区，在律令制之下也被定义为发展落后的

"野蛮"地域。并且,现在古代史学界的"一般通行学说"无疑也基本顺着这一条路线走。井上将最近被发掘并引起极大反响的稻荷山铁剑铭文作为有力的物证来支持自己的观点,认为它显示获多加支卤(雄略天皇,即倭王武)的王权势力延伸到了日本东部,古坟的墓主——武藏的国造级人物将其同族作为舍人派到朝廷担任侍卫。

关于前述石井良助力陈东国独立性的观点,以及井上光贞强调日本东部对大和王权和天皇的隶属性的见解究竟孰是孰非,并非古代史专家的我终究没办法做一番有鼻子有眼的评论。

但就我一个门外汉来看,恐怕他们各自讲到了事实的两个侧面。至少从以水稻耕作为基础和核心的社会、政治、文化的观点来看,"东国"当然是落后的。另外,它是远晚于日本西部被大和王权"征服"的地域,要说这是有史时代以后东国的一个特征也没有错。并且,事实上大和朝廷的统治者和律令国家的贵族把东国看成一个异质性世界,把"东国人"当成野蛮的"异民族"("东夷")。井上光贞的观点可以说凸显了历史的这一侧面。

对"通行学说"的质疑

但是,和理解古坟时代的方式联系起来一想,我心中

对这个方面怀有的疑问果然还是忍不住要冒出来。所谓的
"异质"究竟是指在何种意义上的异质？只是将其理解成
"野蛮"或者"落后性"，果然还是一种片面的看法吧？
东与西之间的差异具有以万年为单位来计算的深刻程度，
日本东部并未轻易接受从西部传来的弥生文化，这种独特
性难道光靠所谓"对天皇的直属性"一个特征就能够把
握吗？

　　以这种古代史的视角为发端，将日本东部和先进
的日本西部进行对比，并将日本东部定为落后地域的
观点广泛影响了中世史和近世史对日本东西部的评价。
这个视角作为理解日本历史的一个角度倒是也说得过
去，但它过于受到律令贵族看法的影响。另外，这种
将日本人的生活基础全部归诸水稻耕作的视点难道不
是失之偏颇吗？

　　我想对于这样的"通行学说"，石井良助的见解可以　77
说是具备了树立反命题的意义。在此之后，又有没有这样
能够直接回应我的疑问的成果，以及在对律令时代的历史
研究中把石井观点有效予以运用的文章呢？因为我自己还
不够用功，眼下尚且对此一无所知。虽说如此，即便未必
直接触及这一论点，也还是有一些和井上先生的观点角度
略微不同的提法。

古代东国的作用

其中就有在井上光贞前述论文发表后不久的 1952 年出版的川崎庸之的《天武天皇》（岩波新书）一书，该书后来成为非常有名的作品。川崎果然也注意到了东国在从"大化改新"到壬申之乱的过程中发挥的特殊作用。

如前所述，壬申之乱之际，大海人皇子（后来的天武天皇）首先着眼于东国，川崎也看出了这一事实的重要意义。川崎将这和后来"据说他（天武天皇）意图在信浓国建立都城那样的事实"联系起来考虑，认为可以看到大海人皇子"具有一种对东国的特殊亲近感"。川崎对此提出疑问："然而，这是不是单纯地基于他的汤沐邑［封给皇子的一种食邑］就位于那里，几个亲近的舍人也来自那里的理由呢？"他继而认为，大海人皇子是不是从"更为积极地压制东国这一点上"，"看到了更加确定的制胜条件"呢？并且，他认为实际上"当初在大化改新之时，或者更早以前，就完善古代国家基础的意义而言，经营东国本就是一个重要的课题"，而在大化改新以来的进程中朝廷"对东国的兴趣不知何时淡漠了"，这才是问题所在，所以川崎先生导出了如下结论：大海人皇子起兵时先据关东之决心便源于"必须恢复大化改新的

78

本来精神"。

川崎在这里并没有提及为何对于朝廷来说经营东国是一个"重要的课题",我认为这遗留了很大的问题,但无论如何,从这个见解里看到的东国形象无疑与作为舍人供给源、"奴隶兵"资源库的东国形象相去甚远。

另外,岸俊男以井上光贞的见解延伸出的"发展的防人谱系"为课题,在 1955 年发表了《防人考——东国与西国》(「防人考—東国と西国—」在增订后收录于『日本古代政治史研究』、塙書房、1966)。我觉得这篇论文和井上最初的论文相比,也带有一些不同的微妙感觉。

首先,岸指出在 8 世纪中叶被派往筑紫的日本东部防人集团,依然残留有大化改新前的国造军——由地方豪族首领率领的军事力量——的痕迹。虽然这没有否定井上的看法,但比起东国豪族首领的附属性,岸更注意到了其顽强的独立性。

岸在此基础上发展出来的见解,就不只停留在单纯的东国问题上,而是具有更重要的意义。按照岸的看法,朝廷在大化改新前后发动的对朝鲜半岛的外征——和唐、新罗联军的交战——中动员的军事力量,乃北九州、四国、濑户内海边缘地带即广义上的西国的国造军,东国的军队根本未在其中起到重要作用。而让东国兵士充作防人的理由有二:一是成为外征军兵力的西国兵士在白村江之战中

79

遭到毁灭性打击；二是经过壬申之乱后，东国获得了很高的评价。之后尽管律令兵制处在动摇之中，朝廷依旧派遣东国人作为"防人"，岸认为这不外乎是由于他们的"勇健"。

虽然岸俊男和井上光贞一样，将这些历史现象全部归因于东国的"落后性"，但是我们必须注意到，岸的看法不是东国因落后而具备很强的附属性，而是因"落后"而"勇健"，并残留有独立的国造军的遗制。

而且，岸俊男提醒我们，在 8 世纪以后，防人制度的变迁和虾夷对策"在对立的关系上被提出来的倾向日益加强"，以至于防人制度最终被废止的根本理由之一乃东国成了压制东北"虾夷"的军事基础。虽然岸绝非有意识地主张这一点，但将这一事实和此前提到的西国军队充当外征朝鲜半岛军力的观点结合起来加以考虑的话，东国与西国之间军事力量的性质差异便自然而然地浮现在我们眼前了。

西部的海与船，东部的弓与马

对朝鲜半岛的外征中，水军当然起到了很大作用，西国军队正是适用于此的军事力量。像岸俊男在别文的考察中揭示的那样，纪氏与吉备氏两族在外征之际发挥了巨大的作用，其中前者的势力广布濒临大阪湾和纪伊水道的和泉国、纪伊国沿岸，而且同族占据了濑户内海要地，后者如上文所述，与海民之间有密切关系。纪氏的根据地纪伊国，乃楠木的名产地，楠木在当时专门被用于建造外洋航海船只的材料。不得不说，纪氏正是作为水军发挥了其军事力量（岸俊男前揭「紀氏についての一試考」所收）。[*]

81

实际上到中世为止，大阪湾、纪伊水道、濑户内海是海民活动最为活跃的水域，恐怕自弥生时代到古代期间，海和船已经称得上是西国重要的特征之一了。纪氏是从朝鲜半岛移居日本的氏族，他们和中国及朝鲜的文化渊源深远。我们若采取宏观角度来看待这一点的话，可以说通观整个弥生和古坟时代，海洋这个舞台展现了日本西部同中国和朝鲜半岛密切联系的一个剪影，大量人群或渡海移居日本，或往来其间。

这种交流在大化改新前后不幸地以战争的形态出现，后来又演变为以遣隋使、遣唐使等正式外交使节的形式进行。我们必须考虑到，这些现象的背后实际上是日常活跃的跨海交流，哪怕在古代也是如此。

像前文提及的那样，日本海作为这些交流的媒介水域

---

[*] 最近在和歌山市郊外的善明寺丘陵地带，发现了被推断为古坟时代中期的大规模高干栏式建筑群，这也被认为和纪氏的势力有关，自此可窥见其氏族威势之强。——作者注

之一，本身也拥有重要的意义。我想，山阴和北陆地区的独特特点也是在这种日常交流中逐步形成的。

相对于具备这种特征的西国，东国也不能说就不存在能够驾驭船只的海民。实际上岸俊男指出，即使在古代，东国的水手和船只也有被朝廷征调的事例，在太平洋沿岸的诸国和北陆诸国也有造船业。虽然我们必须相应地将这一点纳入考量范围，但是"防人"被称"勇健"的名声绝非作为水军获得的。

从 8 世纪后半叶到 9 世纪，东国人作为应对"虾夷"的军事力量而被看重的原因，正是其作为弓马精兵之悍勇。东国自绳文时代以来发展出登峰造极的狩猎技术，以此为背景，引弓放箭自然是其最为精湛的本领。

同样，东国的原野被看作从朝鲜半岛带来的马匹最为合适的生育地之一。正如西冈虎之助在二战前发表的著名论文《作为武士阶级形成要因之一的"牧"的发展》（「武士階級結成の一要因としての『牧』の発展」、『荘園史の研究』上巻所収、岩波書店、1953）中详细叙述的那样："至少从立意精神来看理应在全国统一设置"的令制牧，在奈良时代后半期开始崩溃；进入 9 世纪又转而新生出官牧之制，其中的"马牧"[①] 分布于除上野国外的关东七国，加上骏河和

① 指饲养马匹的牧场。

远江，是为九国，而向天皇进贡马匹的"敕旨牧"①，在9世纪上半叶设置在甲斐、武藏、信浓、上野诸国。

在这样的情况下，东国人自然而然地擅长马术。通过与射箭狩猎结合而成的骑射战法，即后来所称的"弓马之道"的确立，骑射成为东国军事力量的主干。这一点通过以下事实得以明了：神龟元年（724）四月，朝廷令坂东诸国三万军士教习骑射，进行军事训练，以备征讨"海道之虾夷"；宝龟七年（776）五月，针对出羽国志波村的"虾夷"叛逆，朝廷发下总、下野、常陆等国骑兵征讨；等等（见『続日本紀』）。

西海行船、东陆走马——西船东马的地域特征，可以说在古代便已在一定程度上形成了。

当然，这只是笼统的说法，西国也有"马牧"，骑射亦曾盛行。特别是九州岛西北部和东部的原野，确实也是极好的育马地，牧场亦众，以此为人所知。户田芳实在其出色的论文《国衙军制的形成过程》（「国衙軍制の形成過程」、日本史研究会史料研究部会編『中世の権力と民衆』所収、創元社、1970）中言及9世纪后律令国家实行的军事改革，他注意到大宰府命令丰后国的"骑射之儿"作为"护府之兵"到筑前大宰府担任值守的事实，指出在九州"存在跑马

---

①　根据敕旨设立的牧场。

84 奔驰于广阔原野之上，以狩猎为业的特殊山民集团"，这可谓是很好地说明了在九州存在和东国类似的情况。

过去，大宰府对东国防人寄予期待的也是这样的军事力量，如后文将提到的那样，九州和东国在这一点上具备共同的特征，我们须留心这一点。

与此相对，在狭义的西国，即日本西部的东边地区，反倒是"牛牧"①比较显眼，并多见于备前的长岛、周防的垣岛、长门的角岛、伊予的忽那岛等岛屿区域。虽说这里当然也有"马牧"，相反东国也有"牛牧"，但作为整体来看，相对于东国牧马而言，西国产牛是其特征，而这一特点在当时便已初见端倪了。

东国和东北的"虾夷"

这且搁下不谈，8世纪末以来，征讨东北的"虾夷"成为桓武天皇朝廷的核心议题。与此同时，东国也成为服务于此目的的军事基地。延历二年（783）六月，朝廷对坂东八国下令，命郡司子弟等地方豪强和浪人②等足堪兵役者，学习弓马骑射和用兵之道。延历七年（788）三

---

① 饲养牛的牧场。
② 古代的浪人指的是脱离原籍，游荡于外地生活的游民，也称"浮浪人"。

月，为了征讨"虾夷"，朝廷命东海、东山两道坂东诸国
的步骑五万余人，以次年三月为限集结在陆奥国府多贺
城，其中特别动员了有实战经验者、常陆的鹿岛神贱①，
以及足堪"弓马之道"者。接下来在延历九年（790）闰
三月，朝廷又命东海道骏河以东、东山道信浓以东的诸
国——大野晋所谓的第二"吾妻"，相当于中世东国的诸
国——制作革甲两千副。第二年十月向东海道、东山道诸
国下令制造征矢三万余具，十一月又令坂东诸国预备军粮
十二万余石，此类例子不遑枚举。

图7　多贺城遗址

---

① 鹿岛神宫的附属民。

由于律令国家已经在这一时期放弃了由公民①兵士组建军团的组织原则，而代之以地方豪强、浪人、神贱所构成的以骑兵为核心的军事力量，意图以此来对抗虾夷，故此狭义的东国——坂东的特征在此时越发鲜明。精熟于弓马之道的战斗集团也在此普遍形成，但我们不可忽视的一点是，和前面提到的一样，这些兵马是为了镇压被视作"异民族"的东北人"虾夷"的叛乱而组织起来的，在这里也埋下了东国和东北之间根深蒂固的对立隐患。

本来东北和坂东一样，也富于狩猎传统，普遍饲养马匹，孕育了精于骑射的军事力量。高桥富雄推测，在成为律令国家征讨对象之前的东北地区，不仅是水稻耕作，而且包含火耕地在内的旱地农耕已经得到了发展，而且当地推行"牧畜"，马匹得以成为活跃交易的对象。东北人实行这样的"牧畜农耕"，并通过马匹贸易获得铁器和绵布②，正不断地充实着自身的实力。高桥认为，这样一种"虾夷"自身的自立性政治社会的发展，乃 8 世纪末大规模"虾夷叛乱"的背景（高桥富雄『蝦夷』、吉川弘文館、1963）。

---

① 律令制下记载在户籍簿上的百姓，由国家颁给口分田，须向国家缴纳调庸。

② 日本古代和中世史料中出现的"绵"一般指的是丝绵，亦称"真绵"，由蚕丝制成。日本引进和大规模种植棉花较晚，到江户时代棉花才成为主要的服装原料。

86

　　东国的军事力量，正是为了和精锐的"虾夷"骑兵抗衡而组织起来的。尽管战事频发，最终桓武一朝的"征夷"却以虎头蛇尾告终，甚至可以说朝廷在一定程度上承认了一时归附的"虾夷"（又称"俘囚"）的内部秩序，并发展出借"俘囚"力量来讨伐反抗朝廷的"虾夷"这一模式。站在东北人的立场上来看，虽然说他们 87确立的发展方向是一方面臣服于西国的朝廷，另一方面蓄养自己独立的力量，但其中恐怕潜藏着对直接压迫自身的东国人的敌对意识。

四　傲马之党与海贼

"海贼武者"与日本西部

　　自 9 世纪中叶以来，在日本的东西两端，暂时进入平稳的社会再一次开始剧震，经过 10 世纪初叶的延喜朝改革之后，社会的动荡要素终于化作承平、天庆之乱而爆发。这一次震动中，律令国家面临巨大的转折，朝着所谓"王朝国家"① 的阶段变化，至此，日本东西部看上去被染成同一种颜色的社会特征再一次各自以新的面貌清晰地呈现出来。并且和前文提及的一样，日本东西部的动向各

---

①　将日本古代后期（10—12 世纪）的国家体制理解为能动地促进了中世支配关系的体制而提出的古代中世过渡期学术概念。1960 年代，户田芳实、坂本赏三等学者基于在地领主、名、庄园、武士等日本中世社会的核心要素并非在和古代国家的地方统治机构国衙的对立中产生，而是在国衙的保护和规制下诞生的事实，提出了将这一阶段的日本国家体制称为"王朝国家"的观点，并将其体系化。

自带有本地明显特征：东国正是通过弓与马匹，西国则是通过海与船只。

奈良时代的后半期，山阳道、南海道、西海道诸国，即将九州、濑户内海、四国地区和畿内连接起来的交通路线，就已经全部依赖于海上交通，比如国司的地方赴任、货物的运输等。早在 9 世纪前半叶，这一运输线路上便出现了海贼的身影。承和五年（838）二月，朝廷虽然下令让山阳道、南海道诸国的国司捉拿海贼，但从这个时候开始，濑户内海、纪伊水道上的海贼成群结队，横行无忌，"杀害往还诸人，掠夺公私杂物"。贞观四年（862），有报告称来自备前国运输官米的船只遭到海贼袭击，货物被夺，十一个百姓被杀，为此朝廷命令山阳道、南海道诸国征发人夫，追捕海贼。

贞观七年（865），朝廷虽然也发布了同样命令，但海贼的蜂起和掠夺不曾停息，第二年，朝廷决定对追捕不力的国司定罪，督促国司必须力行打击海贼。据说此时伊予国的宫崎村是海贼群聚的根据地之一，虽然官军追捕的矛头指向了那里，但是面对富有机动性，追则四散而逃，风声一过又立即集结起来的海贼，朝廷也感到非常棘手，于是在贞观九年（867），朝廷又命令各国司不能只顾自己的任国，必须协同处置追剿事宜，同时甚至想要动员"俘囚"来镇压海贼。

事实上，海贼遍地蜂起的根源，可以说无疑是普遍分布于北九州、濑户内海、纪伊水道的海民们的活动。当然，尽管说流浪在外的农民肯定也混杂其中，但是如果不考虑惯于海上生活的海民，我们就无法正确理解巧妙地操弄一叶扁舟，来则蚁聚、去则星散的海贼活动。写下了《濑户内海的历史》（『瀬戸内海の歴史』、至文堂、1967）一书的河合正治，将"男女共同乘船在海上生活者"认定为海贼的主力，认为海贼群起横行的缘由是这些人被剥夺了自由，而政府的控制力又被削弱。不得不说，他正确地指出了这一层意义。与此同时，值得注意的一点是，河合又将日本国内海贼的出现和新罗海贼的活动联系起来加以把握。

在 9 世纪前半叶，新罗王朝在不断的党争中逐渐衰落，海边出现了乘船滋扰沿海，甚至跨海到日本和中国活动的人群。张弓福①就是其中一人，他以全罗道的莞岛为据点，迫使沿海的船家与海民服从自己，往来中国和日本从事贸易，构筑了独立的势力，并推神武王即位。旗田巍

---

① 张弓福即张保皋（？—841），日本史籍中作张宝高，新罗海商，武将。初渡唐，为徐州军将，回国后以全罗道海岸地区为据点，以贸易得巨富，蓄养私兵。以此为背景，他在 828 年使新罗兴德王承认其"清海镇大使"之职，成为海上之独立势力。兴德王死后，他助金祐征打倒闵哀王，金祐征在 839 年成为新罗神武王。他在文圣王时代受封为镇海将军，但是未能争取到外戚地位，因此在 841 年谋反，兵败身死。

将他定义为"海上的支配者""海贼的首领"（岩波全書
『朝鮮史』、1951）。如此一来，朝鲜半岛的激荡便影响到
了日本西部。

　　承和七年（840），张弓福的使者来北九州寻求贸易，
第二年，政府也允许民间开展贸易。从此开始，即使在张
弓福被杀，其"王国"崩溃之际，原来张弓福的部下，
以及处于其支配下的岛民还是络绎不绝地来到北九州（藤
间生大『東アジア世界の形成』、春秋社、1966，该书详
细介绍了张弓福的活动）。

91

　　在此以后，新罗王朝也进入了崩溃阶段，至二十年后
的贞观八年（866），肥前国以郡司为首的地方豪强们合
谋，和新罗人一道前往新罗，教授制造兵弩器械的技术，
谋图夺取对马岛。这一事件最终东窗事发。之后在贞观十
一年（869），还发生了新罗海贼搭乘两艘船侵入博多津，
夺取了丰前国的年贡丝绵的事件。可见朝鲜半岛和北九州
的势力越过大海之隔，缔结了军事上的协作关系。

　　这一形势自然给政府以极大的冲击，于是朝廷向诸神
社献纳币帛，祈求神明诛灭叛贼，祈祷国内平安。大宰府
为应对这一事态，加紧建立以"俘囚"的军事力量为核
心的警备体制。但是在第二年，由于来自新罗的信报，当
时大宰府的高官大宰少贰藤原元利万侣和新罗国王合谋发
动叛乱的意图便败露了。

前述以濑户内海为中心的海贼蜂起，正是在这样的形势中发生的。当然，我们不能立即断定海贼问题与刚才列举的伴随新罗动荡局面发生的诸事件有直接联系，但是自然也不能认为它们之间没有一丁点关系。

92　　以大海为媒介的日本西部和朝鲜半岛之间历史悠久的联系纽带，在这个时期以这种形式动摇了新罗王朝和日本朝廷的统治，在文献中展现的各种事件的背后，可以看到两者间存在相当日常化的交通往来和信息传递。实际上，肥前国松浦郡的值嘉岛是唐人和新罗人前往日本的必经之地，据说唐人在此采香药，取海滨石子制炼银与玉，恐怕反过来，日本西部的海民也能够前往朝鲜半岛捕鱼和交易。

东亚的局势到 9 世纪后半叶变得更加动荡，在进入元庆年间之后，日本西部海贼的蜂起和掠夺依然没有休止的迹象。元庆五年（881）五月，太政官又向山阳道、南海道诸国下达官符①，命令其镇压海贼；同时为追捕海贼，还将左右卫门府的武官派往山城、摄津、播磨等地。

就海贼本身情况来看，从前面所见地方豪强、郡司和新罗人同谋活动的事实可以推想，到了这一时期，地方上

---

①　太政官发给诸官司或诸国衙的命令文书，简称官符。

的官吏和豪强占据了普通海民的中心地位，被称为"商旅之徒"的专司交易者也加入其中，海贼活动更加具有组织性。必须看到，小山靖宪所说的"海贼武者"，在9世纪的日本西部已经广泛成长起来（「古代末期の東国と西国」、岩波講座『日本歴史』4 古代4 所収、1976）。 93

"骑射型武者"和日本东部

与此相对，在同一时期，日本东部的"俘囚"之乱也频频发生，在9世纪末，就出现了有名的"傯马之党"（利用马匹的运输业集团，"傯"为租赁之义）。

像前文说到的那样，朝廷为了利用降服的"虾夷"即"俘囚"那据说强悍到"以一当千"的军事力量，就让他们集体迁居到各地。9世纪后半叶以来，"俘囚"再三发起叛乱，在坂东地区尤其如此。嘉祥元年（848），上总发生了"俘囚丸子廻毛"等人的叛乱，政府命令上总、下总、相模等五国出兵讨伐。贞观十七年（875），下总的"俘囚"发动叛乱，烧官寺，杀良民，对此朝廷命武藏、上总、常陆、下野等国发兵三百，实施镇压。

但是三年后，在元庆二年（878），如同呼应坂东"俘囚"的起事一般，出羽的"俘囚"也发动了大叛乱，他们火烧秋田城和郡仓，"元庆之乱"就此爆发。高桥富

94　雄指出，这股叛军要求将秋田河①以北地区划为自己的地盘，通过他们的活动，我们必须认识到在东北北部已经成立了"俘囚"自发且极强固的独立政治联盟（前揭『蝦夷』）。自然，以陆奥为首，从坂东动员的政府军和"俘囚"之间的战斗延宕多时，双方折腾到第二年才总算达成了妥协。

确实在这一时期，朝廷通过在陆奥和出羽两国设置镇守府、按察使等机构和服务于"征夷"的军事设施，配置作为村落生活中心的城栅，再三实施"征讨"，律令制国家的支配已经深深地渗透到了东北。

虽说如此，在前面提到的出羽秋田河以北，以及被称为"奥六郡"的陆奥胆泽城以北的地区，"俘囚"的自治体制不但形成了，而且根深蒂固。从这一状况中，我们可以看到东北地区一边以令制机构为媒介，一边孕育出具有特点的地域秩序的征候。

另外，"俘囚"正在坂东持续不断地叛乱，贞观七年（865）二月，上总国市原乡的"俘囚"三十余人叛乱，盗取官物，杀害百姓，在朝廷动员郡兵一千余人予以追捕之际，据说他们逃进山中，官兵捕捉不得。我想"俘囚"的活动和贞观三年（861）在武藏"凶猾结党"的群盗活

①　今秋田县雄物川。

动有密切关联，正可以说是和日本西部的海贼相互对应的活动。通过解读《类聚三代格》所载昌泰二年（899）九月为回应上野国的解文①而发出的太政官符，便可明了其实际情况。 95

根据这张太政官符，据说此时上野国"强盗蜂起，侵害尤甚"。而寻其缘故，盗贼皆出自"俶马之党"。他们俱是坂东诸国的"富豪之辈"，用马匹运送物品，马上驮物皆为其掠夺所获。盗贼们"盗山道（东山道）之驮以就海道（东海道），掠海道之马以赴山道"，为一匹驽马就伤害百姓生命，"遂结群党，既成凶贼"。因此正当上野国衙意图和邻国会同实施追剿之际，贼人就四散越过国界而逃，为此，官方在上野的碓冰、相模的足柄二处要道设置关卡，只允许持有正式通行证者通过。

这就是东国群盗的实际情况。正如小山靖宪所言，他们既以落草为寇的东海、东山两道运送贡赋物品的运输马帮为主，同时也完全可以说是以地方豪强或富豪之辈为中心，通过弓马之道立身的武装集团。屡次发起"叛乱"的"俘囚"和这基本上也区别不大。相对于西国的"海贼武者"，东国的"骑射型武者"，也就是东国武士团的原型，就在此形成。

---

① 被管官司对上级官司的申告文书。

东国的冶铁

96 　　不单如此，最近有必要注意的是，有人设想东国的
这种新动向是以东国独特的冶铁技术的发展为背景的，
而可能佐证这种设想的研究正在逐渐推进，其意义极其
重大。

　　1978 年，在茨城县的八千代町尾崎前山——《将门
记》中记载的常羽御厩的邻近地区——发现了冶铁的遗
迹。这次发掘由东京工业大学冶铁史研究会和八千代町教
育委员会推进，到现在为止实施了三次调查，结果发现了
一个又一个未知的新事实。

图 8　尾崎前山冶铁遗迹（3 号炉）

关于其详细情况，业已有各种报告予以介绍。在这个 　97
遗迹发现的冶铁炉被认为是 9 世纪中叶到末期的产物，是
在倾斜地带挖掘筑造的小型炉，鼓风时不仅使用"鞴"
（在日文中指风箱），还利用从谷底吹上来的自然风。它
和近世以后在日本西部的中国地区使用的大型永代踏鞴
（大型脚踩风箱）不同，倒是酷似埼玉县儿玉郡金屋的
"铸物师"（铸造工匠）仓林家的冶铁炉。

并且根据最新调查的成果，在当地发现了被认为是从
事炼铁的人们的居住遗迹。学者推断，人们在尾崎前山冶
铁，是为了制作马具和用于寺院修建及维修的铁器（福
田豊彦、岩波新书『平将門の乱』、1981）。

这是不是一种和日本西部的中国地区的冶铁技术完全
异质的，属于东国独有的炼铁技术？虽然还有待于今后的
研究，但基本上不妨这样认为：这样冶炼出来的铁，与放
牧饲养的马一起，在东国的骑射型武者的成长方面起到了
很大的作用。

就这样，进入 9 世纪之后，所谓"东马西船"的东国和
西国的地域性特征，由于"东部的骑射型武者"和"西部的
海贼武者"的登场而愈加鲜明了。10 世纪以后，他们就登上 　98
了历史的前台，日本列岛的主要部分显现出再次分裂的迹象。

这当然说的就是平将门、藤原纯友之乱，即"承平、
天庆之乱"的发生。

五　将门纯友，东西并起

"东国之乱"

　　9世纪到10世纪初叶，日本列岛的东西两端分别出现了动荡的局势，并且其规模逐渐扩大。

　　在东国，宽平元年（889），被称为"东国贼首""东国强盗之首"的物部氏永等人举兵起事，据说朝廷花了十年光景来镇压。延喜元年（901），大规模的群盗蜂起，"东国之乱"爆发，其严重程度使朝廷不得不向各神社奉献币帛，以求安宁。

　　前面提到的"俘马之党"的猖獗活动成为问题之时，正值东国处于混乱的昌泰二年（899）。据说受到"群盗"滋扰最为严重的是信浓、上野、甲斐、武藏等国。东国呈现出一派乱哄哄的景象。

另外，东北地区如同响应这一形势一般，也再次骚动起来。宽平五年（893），出羽国渡岛的"虾夷"和其腹地的"俘囚"交战；在东国之乱爆发的延喜元年，出羽国也发生了"俘囚"的叛乱。

因应这一形势，朝廷实行了被称为"延喜军制改革"的制度变革，大幅放开了国衙的军事动员裁量权限，并以国为单位配置了追捕凶党的专门机构——押领使。但是之后在整个延喜年间，骏河、飞驒、下总、上野、下野、武藏等地要么官衙被烧，要么国府被袭，要么国司被害，"凶党"蜂起一刻不停，没完没了（下向井龍彦「王朝国衙軍制の構造と展開」、『史学研究』151号、1981）。

西国的海贼

在西国，从朝鲜半岛到日本西部的海域，令人不安的事态也频繁发生。特别是朝鲜半岛上新罗王朝末期的动乱，通过海洋对日本西部也产生了直接的影响。

宽平二年（890），有三十五个新罗人漂到隐岐国；宽平五年又有三名新罗僧人来到长门。到了这年五月，新罗的海贼侵犯了肥前国松浦郡，并继而袭击了肥前国饱田郡，烧毁民家。据说翌年，海贼又在对马登陆，"侵寇"

"边屿",可以说新罗海贼在这一片海域横行无忌。

对此,朝廷命令北陆道、山阴道、山阳道诸国预备武器,加强警戒,同时在东山、东海两道动员"勇士"。通过建立这种非常体制,推进对海贼的征讨,朝廷总算在九月剿灭海贼二百余人,于是解除了前述非常体制,并在十月收到了贼船退走的消息。虽说这样,但据说在宽平七年(895),壹岐岛的官舍被完全烧毁,延喜六年(906)在隐岐岛近海出现了新罗的贼船,延喜十七年(917),贼船袭击了对马。

这一时期,记载中没有出现西国海贼的活动,但是只要看看纪贯之的情况——他于承平四年(934)从四国地区的土佐国任满回京,在渡海回到畿内的旅程中不断遭到海贼威胁——就能够窥见西国海贼的问题已经如同慢性病一般了。实际上,从这一年到次年,政府多次向南海道和山阳道诸国的神社供奉币帛,祈祷平定海贼,并确定了海贼追捕使的人选。

正如小山靖宪指出的那样,濑户内海是朝畿内运输物资的大动脉,对朝廷来说,切断了这条运输道路的海贼活动可谓是心腹大患(前揭「古代末期の東国と西国」)。不得不说,将这一海贼活动和新罗的海贼联系起来的做法固然有些操之过急,但从以往新罗和西国长期的交流情况来看,自然不能说两者之间完全不存在以海路为媒介的

102

纽带。

承平六年（936），情况日趋明了，这股海贼以伊予
国的日振岛为根据地，乃拥有千余艘船的大集团。伊予掾
藤原纯友原本是接受了追捕海贼的命令，作为伊予国警固
使来到当地的。他和当时的伊予守纪淑人实施招安政策，
赐投降者衣服、种子，让其耕种田地，试图让海贼归农，
因此很多海贼一度归降。但这也只是一时奏效，身为警固
使的藤原纯友自己不久便成为海贼首领了（小林昌二
「藤原純友の乱の一視点」、『地方史研究』172 号、
1981。下向井龍彦「警固使藤原純友」、『芸備地方史研
究』133 号、1982）。

"本天皇"与新皇平将门、海贼藤原纯友

在东国，从承平五年（935）开始，平将门与其同族
几番私斗，武威大振。众所周知，《将门记》记载，平将
门"素济佗人而述气，顾无便者而托力"——素来喜好
为无家可归和不容于世的人打抱不平。他出手帮助有求于
己者，赶走了武藏介源经基；在天庆二年（939）十一月
袭击常陆国府，放逐国守；接着占领了下野和上野的国
府，在随从的欢呼声中，登上了新皇的位置。根据《将
门记》，此时新皇将门定都于下总的石井一带，设置八省

103

百官，刻制"新皇御玺"和朝廷印鉴，任命坂东八国的国守。尽管这里无疑有夸张之处，但不得不说，东国的新国家确确实实在此时初试啼声。

不过，这位新皇给"本天皇"（从这时开始，《将门记》将京都的天皇作为"本"，和将门的"新"对置）统治的畿内国家的摄政，即自己少年时代的旧主藤原忠平写了一封措辞礼貌的书信。有人以此为由，声称找到了新皇将门对京都的"本天皇"的附庸姿态，强调将门并无取代天皇的意志。

确实，将门大概一点也没有征服日本全国的企图。但是我认为，平将门利用弓强马壮的军事实力控制了东国（坂东），意在建立独立的国家机构——即便只是王朝的迷你版，即便存续时间短暂，他也无疑实现了这一点。从东国"民族"史的脉络来看，将门的国家就是最早成立的东国国家。

不过《将门记》称，平将门独独未能设置"历日博士"，这象征性地说明了这个新国家作为国家政权存在重大的缺陷。制定历法和伴随历法的元号制度对此类国家有决定性的意义。能够"支配"天时运行和时间之人，才堪为帝王之资。新皇将门陷入"狐疑"而没能立即采取此举，清楚地显示了这一国家的弱点。平将门把即位之意旨的书信向"本天皇"的朝廷上奏，这一滑稽可笑抑或可谓实诚之举也可能是出于这一原因（青木和夫『古代豪族』、小学館、1974，吉田孝执笔部分）。

但无论如何，畿内天皇对日本列岛的统一，确实在日本东部遭到破坏。而且在这一年年末，有报称西国海贼藤原纯友的兵马在摄津国捉住了备前和播磨的国司，西边的叛军已经把触手伸进了畿内。

"本天皇"的朝廷对此大为惊愕。第二年即天庆三年（940），朝廷向诸神社派遣了奉币使，在寺院发起制伏叛贼的祈祷，任命了征夷大将军，并决定招抚藤原纯友，叙其为从五位下。

105

图9　大宰府遗址

但是东国的叛乱已经蔓延到了骏河国，不仅官符使遭到袭击，关卡被打破，骏河的国分寺也被包围。西国藤原纯友的水军则袭击备中，并攻击淡路岛，夺取了兵器，更以走海路进京为目标。濑户内海的水路经淀川水道可以直通京都，可以说西国的海域落入了藤原纯友的控制之下。

但是在二月十四日，新皇将门亲自跨马前驱，向平贞盛、藤原秀乡发起决战，结果中箭战死。东国国家仅仅维持了三个月便走到了尽头。这对畿内"本天皇"的国家——王朝来说确实是极其幸运的（福田丰彦前揭书）。

不过，西国的藤原纯友所部依旧龙精虎猛：八月，以四百余艘船袭击伊予和赞岐，烧毁备前国和备后国的兵船；并且在十月打败大宰府追捕使的讨伐军，烧掉了筑前大宰府；十一月，周防国的铸钱司也被纯友军烧毁，土佐国八多郡①也在海贼的寇掠后被"烧毁"。

虽然说船只具有快速机动性和集中破坏力，但面对已在陆地上拥有强固基础的"本天皇"的国家——王朝国家，靠海贼水军独立建设有组织的海上国家终究是不可能的。只是这一点，从纯友军的活动本身中没法看到。天庆四年（941）五月，朝廷任命了征西大将军，但在六月，藤原纯友已经被追捕使小野好古和源经基等人诛杀，西国的叛乱就此告终。

东国人的两条道路——志在独立

在此前的 907 年，盛极一时的唐帝国灭亡，五代十国

---

① 即幡多郡，在《和名抄》中写作"波多郡"，在《日本纪略》中写作"八多郡"。

的乱世就此开始了。统一朝鲜半岛的新罗发生分裂，918
年，王建建立高丽王朝，在将门、纯友之乱迎来最高潮的
936 年，取代新罗统一了半岛。

东亚世界在此迎来了一个极大的转型期，中国大陆、
朝鲜半岛、日本列岛上的一系列动乱，不只是单纯一般性
的动荡，而且在更深的层次存在关联。恐怕就和此前看到
的新罗海贼和濑户内海的海贼那样，它们之间多多少少存
在一些具体联系。虽然其实际情况究竟如何，还有待今后
的深入研究，但不管怎样，这次东国和西国的内乱，极大
地影响了之后的历史。

即使从短期来看，律令国家在经过这次动乱之后，变
貌甚大。不光是有关军事的权限被大规模地移交给国司，
而且朝廷将检田和征税等基本的国务都承包给国司，以确
保贡纳物的上缴，并通过太政官的会议和公卿会议来掌握
其人事权——如此治国理政的体制，即所谓的"前期王
朝国家"，经过 10 世纪基本走上了正轨。所谓的摄关政
治的安定不外乎也是建立在这一基础之上的。

实际上，通过这次剧烈动乱的体验，贵族和僧侣本来
有机会进行一番内省，但对于畿内的大多数贵族来说，内
乱大概不过是一场噩梦吧。

然而，即便是仅在三个月的短时间内，独立国家在东
国诞生，畿内天皇的一统之治也被破坏，其意义无法估

量。不管怎样，对于东国人来说，这场动乱是他们首次在一定程度上实现了摆脱畿内统治的独立愿望的尝试，并为以后开辟了明确的道路。

不用说，比起这条道路，结托畿内的朝廷，一边屈从于天皇和藤原摄关家，一边在当地蓄养力量的路径——打垮了将门国家的藤原秀乡和平贞盛所选择的道路无疑更为"现实"。虽说如此，但依然出现了敢于抵抗巨大压力，选择与此不同的自立之路的人，并且他们切实取得了成功，尽管时间短暂且成果微小。这一事实决定性地证明了那种服从于西国朝廷的"现实"道路并非唯一的选择，这一点可谓是极其重要的。

因此，东国人的前进方向上经常有两条道路——联西路线和自立路线，东国人的领导者和统治者常常为选择哪条道路而烦恼，而且彼此间时有对立。但我们必须要知道，正是这场内乱为他们切实创造了选择的余地。

并且，平将门的事迹代代传承，他成了东国人的英雄。不仅出现了像相马氏那样，在编纂家谱时把将门选作自己祖先的家族，而且也出现了关于将门的传说：将门时而身跨白马，时而以一副铁打不坏之身（太阳穴除外）的超人形象显灵，其首级即便悬于狱门也依然保有意识，终为寻回身躯而腾空飞回东国，受到人们的祭祀（福田丰彦前揭书）。这些无疑表明将门成了寻求东国独立的人们的一个精神支柱。

而且，东国走向独立的志向也给东北带来很大影响。自古代征讨"虾夷"以来，东北和关东间就结下了宿仇。而且在稍迟于东国开始摸索独立之道的情况下，东北的前途相当复杂，他们需要一直小心留意东国的情况。然而，如果没有这场内乱的话，东北的独立国家也不可能在不久之后就展露身姿。

与此相对，尚不清楚藤原纯友是否如将门在东国一般，对西国海贼产生了长久的影响。这大概和他们不曾创造出有组织的权力机构有关。但是在此之后的漫长岁月里，在西国拥有强大军事实力的海贼们在集结之际，藤原纯友的存在是否多少拥有一些精神象征的意义呢？可以说这是今后有待深入研究的问题。

10 世纪以后，西国的海贼——海上的领主们一方面深入涉足急速走向繁盛的海上交通贸易，另一方面也作为水军积蓄了实力。不久他们便成了伊势平氏的武力基础，并将和东国的骑乘武士跟从的源氏，展开一场将日本列岛一分为二的大战。

110

六　源氏和平氏

—— 东北、东国战争与平氏称霸西海

"击鼓鸣金"

　　西国的海贼，在藤原纯友失败后也不断蜂起。天元元年（978）三月，备前介被海贼所杀；天元五年（982）二月，有报说海贼蜂起，"击鼓鸣金"，袭击往还于濑户内海的调庸运输船，朝廷命伊予国司实施追捕，击毙贼首能原兼信。

　　接下来在正历三年（992）十一月，为追讨阿波国海贼，源忠良被任命为追讨使。这一次海贼起事规模相当之大，前国司藤原嘉时也被海贼俘虏。源忠良总算顺利地斩获不少贼徒首级，抓捕许多俘虏回京。这还是承平、天庆之乱结束后头一回迫使朝廷派遣追讨使的海贼骚动。

　　此时，朝廷也得到报告，称北宋商人和高丽人往来频繁。北九州、日本海沿岸地域与中国大陆、朝鲜半岛之间，恐怕存在并不为京中所知的活跃交往。另外，长德三年（997）"异贼"阑入北九州；宽仁三年（1019），众所周知被称为"刀伊"的女真族大规模来袭，西国海隅风波不息。

"亡弊之国"——东国的叛乱

　　与之相对，这一时期的贵族称东国为"亡弊之国"，他们认为那是不堪负担、没法赋课租税的地域。因此，上横手雅敬认为在平将门之乱以后，东国在实际上已经逐渐脱离了律令国家——京都的王朝（『日本中世政治史研究』、塙書房、1970），事实正是如此。在这样的状况下，打倒了平将门的平贞盛和藤原秀乡的子孙们很快就在这一地域生根发芽。

　　一方面，他们和京都的贵族保持关系，逢迎其意；另一方面，他们历任东国诸国的国守，并就任诸国押领使、追捕使，和国中的"武勇之辈"私自结成主从关系，相互间不断私斗，逐渐蓄养实力。武勇正可谓是他们的"技艺"，此间诞生了适于"兵"之"道"，以及作战的规矩守则。比如说，指定交战的日期、地点，在通名叫阵

112

113

之后进行单挑，这种方式是昼间战斗的规矩；而闷声不响的行动、出敌不意的"夜袭"，对他们来说就是夜战的方式（笠松宏至「夜討ち」、『UP』98 号、1971）。

以此实力为背景，他们在承包了所住国内几个郡的征税事务的同时，从整体税收中得到若干收入（加地子①）——日后被称为"私领"的权利也逐渐稳固。平将门叔父平良文之孙，以下总国相马郡为根据地的前上总介平忠常就是这些武将中的一人，其势力范围从下总、上总扩展到了常陆。

平忠常时时怠慢"公事"②，这本是他对国守应尽的义务。虽然他一度遭到出身于清和源氏的常陆守源赖信的征讨，因而提出"名簿"成为其家人③，但在长年权倾朝野的藤原道长死后次年，即长元元年（1028）的六月，凶报传到都城：平忠常以下总权介的身份控制了下总国，

---

① 古代国衙对地方的稻种借贷制度"公出举"在平安时代以后逐渐变相为土地税，为奖励新田开发和荒田再开垦，国衙通常会允许开发地私领主取得出举所得的利息部分，一般每段（即 10 日亩，相当于 991.7 平方米）土地可收五斗到一升米，称为加地子，镰仓以后这部分收益被纳入庄园年贡。

② 日本中世以后的赋课税目之一，原意是朝廷举行的各种仪式节会，后指为举行这类活动而向诸国摊派的税目，类似的还有敕事、院事、大小国役等。另外，庄园领主为举行祭祀等活动而向当地收取的实物也被称为"万杂公事"。

③ 原意为家中之人，后来指和主人关系紧密的累代相传的仆从，区别于有去就自由的"门客""被官"。

并以此为据点起兵，烧死了安房守，进而把上总国衙掌握在自己手里。平忠常将房总半岛从王朝国家中分离出去，纳入自己的支配下。

尽管这次叛乱不如平将门起事那般高调，规模也不大，但抵抗非常顽强。自前述的正历海贼时期以来时隔许久，朝廷终于再次派出了追捕使。但无论是朝廷派来的追捕使平惟方也好，还是向东海道、东山道、北陆道诸国下达的追讨命令也好，都没能把平忠常镇压下去。到长元四年（1031）为止的整整三年间，忠常都控制着房总半岛。他通过何种组织进行统治，我们完全不得而知，但依然可以说这是现身在房总的独立小国家。

114

只不过，其间房总三国的凋敝令人惊讶，根据上总国守的报告，该国二万二千余町的田地，在战乱后只剩下十八町。虽然其中有国守的夸张不实之词，东国的实力也绝不仅依靠耕地，但可以认为这个小国家的生命力日渐枯竭也是事实。于是，平忠常的旧主源赖信（当时是甲斐守）作为追讨使前来之后，平忠常自己就出家并投降了，在被赖信带往京都的途中病死，叛乱便走向终结。

虽然如此，忠常的儿子们却并未投降，照样留在当地，朝廷居然也容许他们这样，于是平忠常的子孙之后继续盘踞下总。这充分显示了东国豪族武将的实力和将门时代相比愈加强劲了。

而且观察动乱之后的处置，可见都城里的贵族们完全
欠缺正面应对东国动向的态度。即使源赖信立下了收降平
忠常的功勋，朝廷也未重赏，只是在平定叛乱一年以后才
任命他为美浓守。但可以说，也正是因为受到天皇国家这
种不屑一顾的对待，东国才有广阔的空间和余地来巩固自
己独立的条件。在平忠常之乱后，清和源氏中由源赖信为
代表的源氏一族在此地声威大振。源氏与诞生于东北的
"俘囚"之长的国家之间发生在东北的战争，则使源氏的
威势在东国决定性地稳固下来。

东北的国家——东北人的两条道路

在天庆年间的"俘囚"之乱后，东北地区有见于史册的
骚乱是天历元年（974）陆奥的狄坂丸杀死了镇守府使者的
事件，之后在奥州境内暂时没有发生什么大事。这种安定局
面出现在 10 世纪后半叶，是因为所谓的"奥六郡"（胆泽、
江刺、和贺、稗贯、紫波、岩手）成立，被称为"东夷的酋
长"或"俘囚"之长的安倍氏成为奥六郡之"司"（郡司）。

当时陆奥国的北部依然被视作"虾夷"的"村"，尚
未被王朝国家纳入国郡支配，据说"奥六郡之司"获赐
了统辖"虾夷"贸易，尤其是"贡马"交易的权力。在
出羽国，则由"山北的俘囚主"——雄胜、平鹿、山本

等所谓"山北三郡"之司清原氏来承担这一职责。

这些"俘囚"之长——奥六郡、山北三郡之司，显
然都是东北人中自发产生的独立性权力机构。畿内的天皇
贵族国家通过承认其实力，让他们成为自己的"司"来
维持对奥羽地区的统治。

但是对这种权力机构的评价，东北的学者之间分歧非
常明显。高桥富雄强调，该权力机构是"俘囚"和被畿
内国家所蔑视的人群自发组建的独立性权力机构，并在不
久之后成长为一个国家（高橋富雄『奥州藤原氏四代』、
吉川弘文館、1958。前揭『蝦夷』）。对于这个论述，大
石直正、入间田宣夫、远藤岩等人则称安倍氏属于王朝国
家一个机构的主司，并认为安倍氏权力的本质体现在他们
担负着国家权力的一端且与东北人民对峙这一点中（前
揭『中世奥羽の世界』）。这两种见解可谓泾渭分明。

虽然说这些见解都正确触及了事情的一个方面，我们
很难笼统地判断其对错，但我本人的立场还是将其视为一
个自发的政权。在这里重要的一点是，前文提及的东北人和
东国人之间可谓一种宿命的对立要因，已在这一时期开始发
挥作用了。后来的历史清楚地证明：东北人认为东国人是畿
内朝廷的爪牙，东国人把东北人视为"虾夷"并不断发起攻
击，而东北人认为自己与东国人在性质上一模一样，其中反
而包含了东北人对东国人根深蒂固的对抗意识。

自然，在东北人开始走上独立道路之际，他们眼前也呈现出两条道路：是联合东国来对抗西国的朝廷，还是宁可服从于西国的朝廷而同东国决一胜负呢？

安倍氏、清原氏，以及后来的奥州藤原氏，便站在这个岔道口上，当他们选择后者的时候，东北国家就不可避免地具有西国朝廷的一个机构的性质。因此，上述两种对立的见解很难说一定就是矛盾的。因为与东国存在对抗关系，东北要寻求自立的独特道路，有时候在结果上就得采取屈从于王朝国家权力的形式。

东北、东国战争——东国的源氏和东北的藤原氏

虽然如此，想来在 10 世纪，这个二者择一的路径选择尚未变得那么明确，但对于东北人来说，到了平忠常之乱后不久发生的所谓前九年之役的时候，他们就面临着不管自己想法如何，也必须在两条路中选一条来走的抉择了。

安倍赖良的祖上三代都统治着奥六郡，他们在北上川流域修筑了鸟海栅、厨川栅等许多被称为栅的要塞，军事实力日益强盛。安倍赖良在 11 世纪中期越过了与内郡交界的关隘——衣川关，控制了奥州全境，不向畿内的朝廷缴纳贡赋，展现了独立的姿态。这和平将门、平忠常的东国国家一样，可以说是第一个从东北人中自发诞生的国家。

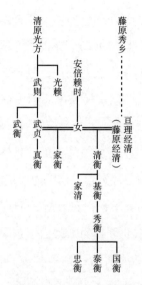

图 10　奥州藤原、清原、安倍三氏关系

对此，朝廷在永承六年（1501）任命源赖信之子源赖义为陆奥守兼镇守府将军。源赖义历任相模守和常陆守，东国武勇之辈扈从于彼，他作为武士团栋梁的地位逐渐稳固，朝廷想要借助他的力量来压制东北。

起初，安倍赖良改名为赖时，归降于陆奥守源赖义，但以天喜四年（1056）赖时之子安倍贞任攻击了源赖义部下的事件为发端，赖时开始全面对抗赖义。虽然说这次攻击事件的缘由是贞任的家世遭到蔑视，求婚被拒绝，但源赖义只凭部下的一面之词，就单方面地想要处罚赖时。正如竹内理三所言，这种态度正是"无视（安倍氏）六郡 119

之主的立场，不可不谓无道之举"（『日本の歴史 6 武士の登場』、中央公論社、1965）。东北、东国战争自此开始。

赖时举安倍氏全族之力抵抗，源赖义也率领坂东精锐来战。在赖时死后，以贞任为中心的安倍氏也非常顽强地进行抵抗，战争旷日持久，康平五年（1062），源赖义得到出羽的"俘囚之主"清原氏的援助，才终于打败贞任，消灭安倍氏。竹内理三注意到安倍氏的情况和平将门的一样，有很多武士自称系其子孙，安倍氏正可谓是东北人的英雄。

如此一来，东北最初的国家由于东国栋梁的攻击而一度败退。但是出羽的清原武则取代安倍氏成为奥六郡之主，并获任镇守府将军，东北的自立性权力通过对西国朝廷表示恭顺之意，实际上保留了自己的地位。

另外，源赖义之子源义家在这场战争中也威名远扬，源氏在东国的基础更为稳固。永保三年（1083），源义家拜领陆奥守，赴任奥州，就想趁着清原一族内讧的机会来征服奥州。于是第二次东北、东国战争——后三年之役爆发。结果源义家的企图宣告失败，借助义家的力量消灭了敌对者的藤原清衡①取代清原氏成为东北霸主，开创了之后所谓奥州藤原氏四代的时代。清衡把自己的大本营移到

---

① 藤原清衡的生父是出身于秀乡流藤原氏的陆奥权守藤原（亘理）经清，也是安倍赖时的女婿。经清在前九年之役中战败而亡后，其妻安倍氏改嫁清原武贞，清衡成为清原武贞的继子。

图 11　后三年之役金泽栅之战中奋战的源义家

资料来源：东京国立博物馆藏《后三年合战绘卷》。

平泉，建立了中尊寺，在京都朝廷中特别接近藤原摄关家，从而巩固了对东北的统治。

正如高桥富雄"宽治偃武"的比喻，这是自此以后东北地区维持了一个世纪的"平泉的和平"的起点，他们将金银财宝和马匹作为贡品送往京都，东北国家越发强韧地成长了。

与此相对，虽然源义家征服东北的企图落了空，但他硬是自掏腰包，实施了被朝廷视为私斗而不加理会的后三年之役的战功恩赏，于是他在武士中的声望更高。通过两次东北、东国战争，义家和关东的实力派武士之间的主从关系百炼成钢，义家成了武士的"伟大象征"——武家栋梁。其父赖义已在相模国的镰仓劝请①八幡神，建立了镰仓鹤冈八幡宫，据说源义家对其进行了修复。在源氏一族代代扎根的东国，以镰仓为中心再次孕育出独立性国家的日子已越来越近了。

自不必言，进入白河院政时代的京都朝廷也不可能无视被称为"天下第一武勇之士"的源义家。

白河院②在承德二年（1098）准许义家在院御所上殿，但是以院为首的贵族们反而逐渐疏远义家。

而且，义家之子义亲在这个时候作为对马守，在包括九州在内的广阔海域内频繁活动，想要把源氏的威势扩展

---

① 指将本社的神明分灵到地方上建立分社祭祀的行为。

② 院即上皇，以及出家的法皇。

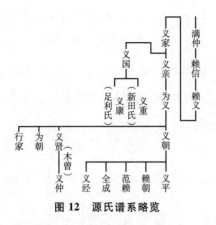

图 12　源氏谱系略览

到西国，其势力扩展到山阴道一带，这也引起了白河院和贵族们的高度警惕。

康和三年（1101），朝廷以义亲夺取官物、杀戮百姓为由，派遣了追讨源义亲的官使。源义亲在杀害使节，被流配到隐岐岛之后，又从岛上逃出，在嘉承二年（1107）杀害了出云国的目代①，夺取官物。在前一年的嘉承元年（1106），源义家去世。于是白河院突然任命平正盛为追讨使，伊势平氏就此登上历史舞台。

"海贼武者"之主——西国的平氏

在被伊势、志摩、尾张、三河三面环绕的伊势海和三　123

---

①　代理国司。

河湾海域，据说自古以来，以海洋为中心的海民世界便存在于兹地。如今在志摩的鸟羽海滨，在晴空万里的日子里眺望海面，被星罗棋布的大小岛屿包围的知多和渥美半岛看上去似乎近到能够泳渡而至。正是这一片海洋孕育了伊势平氏的根基。

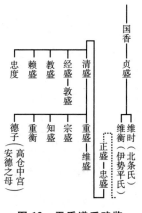

图 13 平氏谱系略览

11 世纪上半叶，致赖系平氏就活动在这片海域，他们在伊势桑名和尾张知多半岛都有据点，以摄关家藤原赖通为后台，但是 11 世纪中期以后，维衡系平氏压倒了致赖系平氏，以多度神宫寺（法云寺）为氏寺，开始在这片海域耀武扬威。平正盛就出身于维衡系平氏一族，并通过捐献庄园接近白河院；进入 12 世纪之后，他突然被院起用，成为牵制源氏的对抗势力。

众所周知，虽然周围人对平正盛是否成功地讨伐了源义亲报以怀疑的眼光，但不论如何，以此为契机，正盛历任西国诸国的国守，在元永二年（1119）作为备前守，负责追讨九州豪族的作战，并在京都抵御了僧兵的入侵，以此立下了武威之名。西海道和南海道等地的武士据说都成了其主要的跟随者，这一时期正盛便在西国逐步构建其势力基础。据推测，曾经被称为海贼，从事海路运输的船头和掌舵——海上领主们也多数加入了其麾下。从前述伊势平氏的特点来看，这也是非常自然的。

事实上，在进入正盛之子忠盛的时代后，平氏作为西国海贼武者栋梁的地位日渐鲜明，忠盛自己历任伯耆、尾张、备前、播磨等西国要地的受领国司，积累了财富，据说"有闻势倾西海"。虽然他在大治四年（1129）和保延元年（1135）两次实施了对濑户内海海贼的追讨作战，但据说这些海贼多半曾是忠盛的家人。

立足于这样的海上世界，忠盛的眼光自然落到了中国大陆和朝鲜半岛上。这一时期，宋商和高丽人比以前更加频繁地前往九州和北陆地区，许多大宰府官吏和这些宋商私相贸易，积累了巨大财富，朝廷的贵族和九州的寺院、神社也积极诱导宋商来自己靠海的庄园领地，贸易就自然变得盛行了。

以前述东亚地域之间悠久的交流历史为背景，我不禁

图 14　平正盛追剿源义亲

资料来源：《大山寺缘起》，原图作于镰仓末期，本图截选自东京大学史料编纂所架藏摹本。

感到，比起我们现在的常识性看法，海上贸易实际上不是更为广泛和活跃吗？众所周知，平忠盛作为鸟羽院的院司①，就排除了大宰府的干涉，让位于肥前国的院领庄园神崎庄与抵达当地的宋商商船进行交易。

126

　　相对于以东国为基础的源氏在源义家死后由于内争而陷入停滞不前的情形，平忠盛这样殚精竭虑地有组织性地利用同朝鲜半岛、中国大陆关系深厚的西国的海洋性地域特质，从而积累了一笔巨大财富，成为实力雄厚，足以同东国源氏相抗衡的西国一大势力。此时，发端于保元之乱的源平争乱的历史前提便具备了（关于伊势平氏，可参考高橋昌明「伊勢平氏の成立と展開」、『日本史研究』157・158 号、1975）。

---

　　①　侍奉上皇和女院，处理其院中诸务的负责人。

七　东国国家与西国国家

平氏与其通向西国国家之路

　　保元元年（1156）的保元之乱，是在争夺京都朝廷实权的院和摄关家之间的激烈冲突、围绕东国支配权的源氏内部之争，以及平氏一族的内部对立等种种矛盾中爆发的天皇方（后白河天皇）和上皇方（崇德上皇）的战争，它以前者的胜利而告终。保元之乱的胜利者平清盛和源义朝则在经过这一过程而确立的后白河院政之下势不两立，双方的竞争导致了三年之后的平治之乱。平治之乱就是所谓东国势力和西国势力之间即将到来的正式冲突——源平合战的一场前哨战。

　　在这两次内乱中，源义朝动员的武士，普遍分布于包括近江在内的东国（不包括东北和北陆）——东海道、东山道诸国，这明确显示源氏已在东国建立牢固的根基。与此相对，平清盛所率武士的出身地虽散见于伊势、伊贺、备前、备中等地，但主要以平氏的郎等①为中心，未必就能说是动员了西国的兵马。

128

即便如此，在平治之乱中，平清盛在赴熊野参拜途中闻报源义朝发起政变之后，第一反应是要渡海到九州或四国再图举兵，并且他得到了坐拥纪州（纪伊国）的熊野水军的熊野别当②湛增的援助。从这两点来看，作为平氏基础的地盘和势力位于何处是再明白不过的了。并且，平清盛在平治之乱中打倒源义朝、获得胜利后，倾注心力最多的就是巩固他在西国的地盘。

平清盛从久安二年（1146）到保元元年（1156），长期担任安艺守。虽然表面上没有征兆，但是我们可以推测，后来平氏和安艺国之间的深厚关系就源于这一时期。

众所周知，平清盛和以往的贵族不同，致力于让平氏一门之人担任各国的受领国司，乃至知行国主③。后来所谓日本六十六国之中过半数的三十余国由平氏领有的说法绝非夸张之辞。应该注意到，其中还可以看到从常陆、上

---

①　武士的仆从。

②　熊野三山，即本宫大社、速玉大社、那智大社三所神社的总管职。

③　在中世院政时代，一国的知行权（即领有收益权）被封于贵族或寺社，受封贵族或寺社主即成为知行国主，该国国司则由该贵族或寺院的家臣出任，称为目代。

总、伊豆、骏河到尾张、三河的东国诸国，尤其还包括了若狭、越前、加贺、能登、越中、佐渡等北陆诸国，但占

129 压倒地位的依旧还是山阴、山阳、南海三道所辖诸国。

并且，平清盛更为着力加以掌握的机构，正是统辖西海道——九州全体的大宰府。虽其契机可以追溯到保元三年（1158）平清盛任官大宰大贰之事，但在其弟平赖盛于仁安元年（1166）担任大宰大贰期间，平氏支配九州的运动最为活跃。在此也能看到如同前述安艺一样的现象，因此可以认为平清盛为平氏一门的这一类发展打开了道路。

平赖盛亲自到当地赴任，任命宇佐神宫的大宫司宇佐公通为大宰权少贰，并任命其为目代。以此开始，平氏将大宰府官中最有势力的原田种直收为家人，掌握当地的神社、寺院，并推进地方领主的家人化。不久，平氏将筥崎宫、香椎宫、宗像神社、安乐寺等神社和寺院都纳入其势力的影响下，并且获得了九州诸国庄园的领家、预所①等权利，在九州广泛安插自家势力。其最主要的企图之一，无疑就是掌控前述的日宋贸易。

据说当时博多有可称"大唐街"的宋人居留地，即便从为数不多的文献记载看，也能很明确地发现，有许多

---

① 庄园领主的代官。

宋人成了筥崎宫、香椎宫、大山寺等社寺的神人和寄人（社寺属户），得到免田①保障的宋人通事和纲首（船头）也不在少数。不仅是博多，宋人也频繁航行到筑前的今津、肥前的平户及神崎、萨摩的坊津等地。最近数量庞大的宋代陶瓷器在这些地区被发掘出来，这就清清楚楚地说明了宋朝来日者的足迹所至。清盛的目的就是积极地将此贸易之利掌握在自己手里。

130

西国国家的基础——海上通道

当然，为了达成这个目的，平氏必须控制从九州到濑户内海的海上通道。川添昭二和濑野精一郎两人在《九州的风土和历史》（『九州の風土と歴史』、山川出版社、1977）一书中，推测博多的袖凑（息浜）港湾的修筑和维护是由平氏实施的，这确实非常有可能。另外，丰前的门司是从九州进入濑户内海的航路锁钥，此时门司虽然由大宰府的府官或拒捍使②掌握，但平氏强占此处，将其作为自己的领地，并把势力范围在筑前远贺川流域的水军首领山鹿秀远收作家人，控制了这一带的海上交通。

而且，平清盛在长宽二年（1164）成为伊予国的知

---

① 免除田租赋役。
② 派向欠租庄园的强制执行使官。

行国主。至于安艺国，他早在平治之乱的第二年（永历元年，1160）就参拜了安艺国的严岛神社，在成为伊予知行国主的同一年，将所谓的"平家纳经"捐纳给严岛神社，在四年后对该神社进行了大整修，将此神社供奉的神灵当作平氏一门的氏神，即守护神。严岛神社的神主佐伯氏也作为平氏家人频频活动。必须说，严岛在平氏控制濑户内海交通方面占据了重要地位，拓宽音户海峡的水道，本来也是为了确保通往该地的航路安全。

并且，平清盛在应保二年（1162）到翌年，开始修建鼎鼎有名的大轮田泊（兵库港）；于仁安三年（1168）在福原之地建设别庄，自己便常居于此。此地正是九州和濑户内海航路的起点，也是向南宋和高丽开放的窗口，不久后就应成为西国国家的首都。

嘉应二年（1170），平清盛请后白河院移驾别庄，并为他引见了从兵库港上岸的宋商。虽然对于贵族来说，这是"天魔"乱性的疯狂举动，但可以说平氏正是企图通过这样的形式将日本西国和中国大陆、朝鲜半岛之间历史悠久的深远联系进行全新的组织化。不管平氏是否意识到了这一点，都可以说平氏正以西海为重要基础，朝向建立新国家的道路迈进，而这个新国家与南宋、高丽的关系匪浅。恐怕清盛的雄图还不仅限于此。

前文提到，北陆诸国已经成了平氏的知行国，而日本

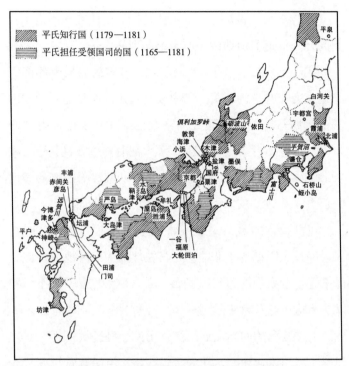

图 15　平氏知行国分布和海上交通要道

海也是自古以来连接日本列岛和欧亚大陆、朝鲜半岛的重
要海上通道。像前文提到的那样，从控制大宰府开始，平
赖盛老练地在常陆、三河、尾张等地扶植平氏的势力，后
来成了佐渡的知行国主，这大概也和控制这条海上通道有
关系。我想平氏肯定也有意将北陆的海上通道纳入自己的
控制之下（浅香年木、前揭『治承・寿永の内乱論序説』
第一編第一章）。

119

这样说来，包括方才罗列的诸国，平氏在东国之中控制的乃东海道沿海诸国，此事绝非偶然。

实际上，在进入 12 世纪以后，日本列岛周围的海上交通也变得非常活跃了。其中最为稳定的路径还是濑户内海，在那里，到了 12 世纪后半叶已经建立了被称为"回船"① 的恒常性船运交通体系，被称为"回船人"和"回船铸物师（铸铁工匠）"的人们以摄津国的堺港等地为起点，运载各色货物，广泛地从事贸易活动。

可以肯定的是，这条线路一方面连通九州，另一方面，经过山阴抵达了北陆。尤其在北陆的沿海地域，自古以来运送调庸的海路得以拓展。从 13 世纪的情况看，可以认为这里存在活跃程度不输给濑户内海的海上交通路线。上文提到的回船从北陆海路出发，经过从敦贺、小浜到近江海津、盐津、木津的短暂陆路，与琵琶湖的水上航道连接起来，又连通宇治川、巨椋池、淀川的内河水运航道，最后回到起点。

并且之前提到的伊势海、三河湾的海洋世界，在这时已经延伸到了遥远的东国尽头。在 11 世纪后半叶到 12 世纪，伊势神宫的"御厨"② 在东国剧增。这是伊势神宫的"祢宜"和"权祢宜"等级的神官们积极游说和拉拢当地

---

① 在沿岸航路上营运的客货两用船运，在日文中写作"廻船"。
② 神宫直辖领。

实权者的结果。显然，他们重要的通道就是这一条海上航路，恐怕它已经延伸到了东北。

海民的世界

海民集团与其中的实力派人物支撑着这样的水上交通。在连通今天的霞浦、北浦、手贺沼的入海口与流经关东东南部的各条河川所形成的"水乡地带"，以及从房总、三浦、伊豆半岛到浜名湖、渥美、知多、纪伊半岛的沿岸，此类人物的据点可谓是星罗棋布。可以认为，霞浦和北浦沿岸分布着被称为"海夫"的人们构成的小集团，以下总千叶氏为首，相模三浦氏、伊豆北条氏等武士团都和水军有关联。并且以浜名湖为始，刚才列举的三河湾和伊势海也和前文提及的一样，是丰富多彩的海民世界。　136

在北陆，佐渡、能登半岛，特别是若狭湾一带的海滨地带广泛地分布着被称为"海人"的集团，山阴地区伯耆国的名和、出云国的三保、长门国的岛户也是这些人的据点。

本来，濑户内海、琵琶湖一带为海民最集中的地区，在围绕这一带的西国海民集团的实权者中，有很多人得到天皇的供御人①，以及上贺茂神社、下鸭神社的供祭人②

---

① 隶属内藏寮等衙门，为天皇贡纳日用物品和衣料食材者。

② 专门负责为该二社提供祭品的各种从业者。

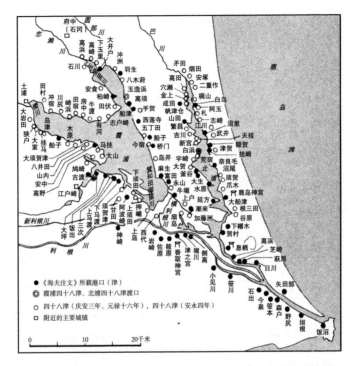

图16　常陆国（今茨城县）霞浦、北浦周边"海夫"的分布

的称号，获得了自由通行于诸国的特权。这些人一方面
以捕鱼和制盐为生活基础，另一方面从事船运，与此同
时也是支撑着水军的力量，其中的实权者往往也作为海
贼现身。在九州西北部——肥前国松浦地区，号为松浦
党的海上武士团频繁活动，而"海夫"集团则作为下
人和从者跟随他们，恐怕朝鲜半岛也在他们的活动范
围内。

西国国家的海洋性

平氏集团正是企图将这样的人群及其整体活动纳入自己的支配控制之下，至于是否成功则要另当别论。从这一点来看，平氏具有明确的海洋性，水军、水上交通、贸易是其重要的支柱。而平氏的这种性质，在其面临危机之际就更加鲜明地展现出来。

平氏的急速崛起，激化了平清盛和后白河院之间的矛盾，治承元年（1177）鹿谷阴谋事件①之后，平清盛终于在治承三年（1179）率数千兵马从福原进京，把后白河院软禁在鸟羽殿，罢黜了反平氏派的贵族和院近臣，一举掌握了政权。

翌年治承四年（1180）二月，身为平清盛外孙、年仅三岁的安德天皇即位，虽然其父高仓上皇在形式上实行院政，但清盛意图让高仓院将首次神社参诣的地点定在严

---

① 平清盛的正室平时子的妹妹——高仓天皇的生母建春门院平滋子在安元二年（1176）死后，后白河院和平清盛之间失去了缓冲和纽带，两者的矛盾日益浮出水面，以藤原成亲、平康赖、西光、法胜寺执行俊宽为首的后白河院近臣势力在京都鹿谷的别庄里策划扳倒平清盛。该密谋由于多田行纲的告密而在安元三年（1177，八月四日改元为治承）六月败露。平清盛对涉事院近臣厉行镇压，西光被处死，藤原成亲死于流放地，康赖、俊宽等被流放到鬼界岛。该事件成为平氏和后白河院彻底反目的契机。

岛神社，他不顾各大寺院、神社的反对，让高仓院在兵库港乘坐宋商的商船前往严岛，强行推动了此事。三个月后爆发了以仁王①和源赖政的叛乱，清盛在镇压了这次叛乱之后，突然宣布迁都福原。

我们可以将平清盛此举解读为一种西国国家构想：以平氏的氏社——守护航海安全的严岛神社为中心，定都于掌握了通往宋和高丽的海上交通锁钥的福原之地。六月，以安德天皇为首，后白河院、高仓院和许多贵族移居到了这一新都。本来这次迁都的另一原因在于平氏想要避开当时与其对立的比叡山延历寺的锋芒，但我认为，这个时期平清盛的目标更在其上，他要奉戴其孙安德帝，建立西国的海洋国家。

不过，京都朝廷的基础实际上也是畿内和西国，这样一来，清盛的构想不论好坏，都会和以后白河院为轴心的朝廷之间发生激烈的同态竞争。当然这样一来，贵族和比叡山对"平家"的反感也就相当强烈且根深蒂固了。

源氏与东国独立路线

不仅如此，治承四年（1180）八月在东国的伊豆国，

---

① 后白河院的第三皇子，生母是闲院流藤原氏藤原季成之女藤原成子。

源赖朝得到了在厅官人①北条时政的支持并起兵，继而统辖熊野水军的熊野别当湛增也背叛了平氏，连九州也发生了叛乱。平氏的根基开始动摇，而一度在石桥山之战中被打败的源赖朝得到相模三浦氏的协助，渡海到安房，使千叶常胤、上总广常等东国有实力的在厅官人臣服。重整旗鼓的源赖朝率领东国大军西上，和甲斐源氏②会师。十月，源赖朝的东国军在骏河国的富士川和平清盛嫡孙平维盛率领的西国军对峙。众所周知，东国和西国间这一场最初的正式冲突——东国、西国战争，以西国势力的惨败而告终。

源赖朝这时意欲追击平氏败军西上，直入京都和福原，但被三浦义澄、千叶常胤、上总广常等东国豪族所拦阻，调回马头转入东国，打败了常陆佐竹氏，并定居于和祖辈父辈因缘匪浅的镰仓，将此时本已不在人世的以仁王奉为"新皇"。独立的东国国家在此重现。

而且，这个国家不使用朝廷的年号。翌年，京都朝廷把年号从治承改为养和，但在源赖朝控制下的东国地区依旧使用治承年号，一直从治承五年用到治承七年。和未置历日博士的平将门的国家不同，这个国家即便没有制定新

139

----

① 在国衙当地负责实务的官僚。

② 源义家之弟源义光之孙源清光传承的家系，其嫡流即武田氏。

年号，也拥有了自己的年号。在这个阶段，源赖朝根据东国诸豪强之意，沿着东国独立路线前进，他在之后的一段时间内一面窥伺京都和西国的形势，一面致力于稳固国家基础。

创建西国国家机构的尝试

贵族普遍反感平氏，又加上来自东国的新威胁，而且西国诸国的在厅官人发动叛乱，南都北岭的僧兵势震京中，面对自己统治基础的动摇，不管愿意与否，平清盛都不得不做出让步。在迁都之后仅六个月，治承四年（1180）十一月，都城又从福原迁回了京都。

但是，这绝不意味着平清盛就彻底放弃了这个构想。他恢复了后白河院的院政，试图与其妥协；在此基础上，采取火烧南都这一果决手段彻底制服僧兵。治承五年（1181），平清盛在五畿内，以及近江、伊势、丹波诸国设置总官，以其子平宗盛担任此职；在丹波国特别设置了诸国庄园总下司一职，并在这个位子上配置了得力家人平盛俊，平氏以此正式获得了畿内近国的军政指挥权，以及征调兵员和兵粮的权力。这是和之后镰仓幕府设置的一国地头的职位——"守护"脉络相连的新机构，包括平氏已经部分地在庄园和公领设置地头一职的做法在内，和东国国家的情况一样，平清盛正在西国摸索着创建新的国家机构。至于大宰府，平氏也把前面提到的原田种直任命为大宰少贰，而且将家人平贞能作为追讨使派到了发生叛乱的肥后国，企图掌握九州。[*]

结果，平清盛并没有看到这个国家的未来便溘然长逝，紧接着，平氏在美浓、尾张边境上发生的墨俣川之战中大胜源行家率领的尾张、三河之兵。在这次合战中，平氏全力动员了伊势国岛屿、海滨、港津地带的船只，将伊势平氏时代以来的水军力量集中在墨俣川，使之呼应陆路兵马作战。平氏虽然在陆战中基本没有取得什么胜绩，但在有效运用水军之际还是战力惊人的。通过这场胜利，尚未完成的西国国家和东国国家持续对峙，暂且赢得了平稳局面。

源义仲和"北国政权"

尽管平清盛对东北的奥州藤原氏进行游说，但后者按兵不动。相反，呼应了源赖朝而在信浓起兵的源（木曾）义仲则击败了越后的城资职，将影响力扩展到北陆道诸国，并意在将北陆纳入支配，建立独立势力。虽其支配机

141

---

[*] 工藤敬一「鎮西養和内乱試論」、『法文論叢』41号、1978。——作者注

构的实际情况并不明确，但考虑到前述北陆道在交通上的地位，也许可以认为，源义仲的活动目的在于建立一个囊括山阴道在内的日本海沿岸地区的独立国家。

那样一来，源义仲的活动就具备和西国平氏之间进行残酷竞争的性质了。西国、东国、北陆诸势力之间暂时的均衡局面，自然就由于西和北陆之间的激烈冲突而首先遭到破坏。

寿永二年（1183），由于平氏大军的北陆道攻势，因前年的饥荒而停摆的战局开始剧烈变幻。源义仲在加贺和越中国境上的砺波山一战中给予平氏大军以沉重打击，进而完全制压了北陆道，拥戴以仁王的遗子北陆宫。白山神社的神人和众徒①也加入义仲军，他遂将兵力集结于越前府中。

在《北陆的风土和历史》（『北陸の風土と歴史』、山川出版社、1977）一书中，站在北陆的立场上书写日本史的浅香年木认为，此时源义仲"应该已经打算效仿赖朝，调转马头，巩固北陆立足点"。他指出，此计不成的原因在于源义仲叔父源行家，通过琵琶湖交通和京都有联系的白山社神人、众徒，以及同样作为权门之"侍"而与京中关系匪浅的当地领主一干人等的牵制（前揭书）。

---

① 下级僧侣，当时多被组织为僧兵。

　　结果，源义仲的兵马追赶着平氏败军，如同怒涛一般逼近京都，他和尾张、美浓、近江等地的源氏——东国西路军一道，在七月攻入京中。对此，平氏果断弃京西走。

　　就平氏一门离京一段，《平家物语》将其描绘为一大悲剧，浓墨重彩地渲染了一番。但这种叙事方式太过倾向于京都贵族的心情了。与其说平氏簇拥着幼帝安德和三种神器前往西国是形势所迫，倒不如说他们朝着平清盛开创的思路——建立具有海洋性的西国国家的方向积极行动起来。我认为平氏未曾一战就放弃京都的举动大可作如是观。

　　虽说原本平氏一族中执着于京都者肯定不会少，但是对于决心走以上这条道路的平氏诸人来说，固守难以设防的京都毫无意义。尽管这个说法有些因果倒置，但是平氏一族面临抉择时，显然舍弃了留在京中的选项，最终决定建立西国国家。

　　平氏暂时来到福原，不久便放弃此地而乘船沿海西下，进入大宰府。他们将大宰府作为当时的"都城"，在备前一带也配置了有数百艘船的水军力量，封闭了交通锁钥门司海峡，将从镇西（九州）到南海道、山阳道一带的地域纳入势力范围。要说平氏的这种体制正是和赖朝的东国国家相对峙的西国国家也绝不过分。只不过，大宰府因为遭到丰后国绪方惟义的攻击而不得安宁，平氏在周防、长门的水军支持之下，再次泛海而出，迁"都"到

143

赞岐的屋岛，以濑户内海为中心，逐渐恢复了势力。

与之相对，掌握京中的源义仲把势力从北陆道伸向山阴道，控制了日本海沿岸地域，以对抗源赖朝和平氏两方势力。不过后白河院拒绝承认被源义仲推为新天皇的北陆宫，而且义仲军迫于形势，西下追讨平氏，又在备中水岛之战中惨败于平氏水军，源义仲的处境便急剧恶化了。

浅香年木认为，此时源义仲图谋将后白河院劫往北陆，立北陆宫为主，建立北国政权，并执拗地试图实现此计划，但以失败告终（浅香前揭书）。在源赖朝派来的源义经和源范赖所率兵马的攻打下，源义仲在翌年年初败亡，"北国政权"如美梦般化作一场空。

东国国家对"日本国"的统治

在源义仲败亡前不久，寿永二年（1183）十月，源赖朝和朝廷方面达成协定，他负责将东海、东山两道诸国国衙领和庄园的年贡送到国司和庄园本所①手中，以此为代价取得了朝廷正式承认他拥有该地域的统治权。这就是

---

① 在后文会提及的庄园公领制度中，庄园土地领有关系呈现出本家领家多层重叠的情况，在所有的本家领家之中，实际控制庄务权的所有者被称为庄园本所。需注意的是，并不是最高所有者本家就是本所。

众所周知的"寿永二年十月宣旨"（佐藤進一『鎌倉幕府
訴訟制度の研究』、畝傍書房、1943）。

　　关于这道宣旨的评价，虽然各种见解不一，但是可以
肯定的是，源赖朝对起初东国国家的独立路线多少做了一
些变更，他亲自舍弃了完全独立于京都朝廷的东国国家领
袖的立场，转而迫使朝廷承认他作为东国治理者的资格。
在此意义上，朝廷在形式上恢复了对东国的统治权，而赖
朝也放弃使用自己的年号。在源义仲灭亡后，源赖朝将北
陆道也收入囊中，并在军事上控制了京都，更进一步地对
平氏的西国国家发动攻势。源赖朝的这条路线，以自己成
为日本列岛的大部分——"日本国"的统治者为目标，
明显与东国独立路线相异，而固守后一路线者，则被源赖
朝毫不留情地抹杀。源赖朝起家时的功臣上总广常和甲斐
源氏的一条忠赖等人，就这样逐次遭到了清洗。

　　如前文所述，平氏一门中存在执着于夺回京都和摸索
独立的途径这两条路线的对立，但进入这一阶段以后，他
们不管愿意与否，都不得不挑明其作为西国国家的独立性
了。寿永三年（1184），京都朝廷改元元历，与之相对，
平氏和之前的东国政权一样继续使用寿永年号，并一时间
收复福原，威震京都。他们即便在播磨国一之谷合战里因
中了后白河院的计策而落败之后，也依旧控制着濑户内海
的制海权，迫使源范赖统率的西下东国军在两年内持续陷

145

于苦战之中。

不过，值得注意的一点是，进入九州的东国军意欲联合当地势力攻击平氏。后文将会提及的东国联合九州的格局早在此时就已经初现端倪。

从文治元年（1185）源义经再受起用开始，陷入停滞的战局被急速地推动起来。最终，丢掉了陆上据点屋岛的平氏大船队再次浮海而出，在三月的坛浦海战中全部沉没。此诚可谓是与以海为基础的海洋性西国国家相称的结局。沉于海底的安德天皇，在以海为生的人群的民间传说中时常登场，平氏流亡武士的传说也广泛分布于以西国为中心的地方，这些都绝非空穴来风。

就这样，源赖朝进而征服了九州，并借口追讨不肯服从的源义经、源行家二人，获得了所谓"日本国总追捕使、总地头"的权限——通常以设置诸国守护与地头的权限而为人所知——将统治的触手伸往西国，并在文治四年（1188）"征伐"了鬼界岛（萨南诸岛）。对于他来说，最后的问题就是如何处置奥州了。

如前所述，奥羽的霸者、镇守府将军兼陆奥守藤原秀衡俨然屹立于东北，平清盛期待其牵制东国，源义仲也请求其冲击东国的后背。独立的东北国家不断地在背后威胁着源赖朝，意图给源赖朝的权力扩大踩刹车的后白河院，也想要最大限度地利用奥州藤原氏的势力。

西国—京都和东北地区，为同与九州结托的东国对抗而联合起来。这种格局在之后的中世政治史中也会时常出现。藤原秀衡一方面接纳了被源赖朝追缉的源义经，拒绝屈从于东国；另一方面慎重行事，为了避免决定性的对立而按兵不动。在他死后，其子藤原泰衡在文治五年（1189）杀害源义经，想要通过追随东国来换取安全，反而自掘坟墓。源赖朝无视后白河院的掣肘，在这一年动员全国武士进攻东北，瞬间击溃了奥州藤原氏的抵抗。

明治先学喜田贞吉将这不知算是第几次的东北、东国战争称为"我国最后的民族间战役"，入间田宣夫承认该提法有"一定的道理"（前揭『中世奥羽の世界』）。当然，这是否算"最后"权且不论，这时的东北、东国战争以东北的完败告终，东北国家因此灭亡，东北地区落入赖朝的支配之下。源赖朝被京都朝廷官封正二位右近卫大将，后更被授予征夷大将军之职。

就这样，在当时人们的意识中，东起津轻的外浜、西至鬼界岛的"日本国"，被纳入源赖朝及镰仓幕府的军事控制之下。虽说如此，但曾有数个国家一度出现于日本列岛之上；即便它们存续时间短暂，但支撑它们的地域社会特征在其后也不曾消失。尽管这些特征不久后就将再一次呈现在政治史上，然则在此，我想以中世社会为切入点来探讨一下这样的地域特征。

八　庄园和公领的东与西

"不论父亲还是儿子倒地身亡……"

　　《平家物语》里记述了在富士川之战前，应平氏主将平维盛的询问，精通东国情况的斋藤实盛著名的回答。

　　那时平维盛问道，如同实盛一般能拉强弓的武士在坂东八国能有几人？斋藤实盛答称，自己这点程度的弓手在东国车载斗量，东国的大名中部属少者也不下于五百骑，个个上马就不会摔落，无论在何等险峻的地形上驱驰也不会失蹄，一旦打起仗来"不论父亲还是儿子倒地身亡，没死的人就跨过尸首继续战斗"，与之相对"要说西国打起仗来，父亲战死儿子就要守孝，过了服忌期才能上阵，儿子战死父亲就悲叹不已，不能再战，兵粮一尽就要种田，等收成上来，夏天嫌热，冬天怕冷，而东国全然不是这样"。说得平家武士个个浑身上下瑟瑟发抖。

这一席话虽然可以说是有些贬损西国武士，但至少在陆战场面上生动地展现了东西国武士间的不同之处：东国武士精于骑术，武士团规模大，上阵时主从父子牢牢团结一致，十分勇猛；而西国武士看重农耕和生活，父子亲戚间感情深厚，开明而温和。

东国和西国的社会差异，便通过这样的武士风气生动地体现了出来。本章首先就从日本中世基本的土地制度，即庄园公领制的东西模式差异着手，来衡量这一点。

庄园、公领的单位和规模

从 11 世纪后半叶到 13 世纪前半叶，经过包括前述源平争乱的动乱时期，被称为庄园公领制的土地制度得以确立。诸国由中央贵族、寺院神社势力支配的庄，中央官厅和地方国衙支配下的保，以及诸国国衙的辖地，即"公领"中的郡、院、乡、名、村等单位构成。各个单位由下司、公文、田所等庄官，以及公领中的保司、郡司、院司、乡司等承包、管理，征收年贡送往中央，将日本东西部进行对比，可以看到各种土地单位的模式有很大的差异。

郡、条、乡、村

150　　　　进入中世以后，古代设置的郡以河川等地形为界，被分为东、西、南、北、中之类的区域，例如常陆国的信太郡就被分为信太东条和西条，茨城郡被分为茨城南郡和北郡，新治郡被分为东郡、中郡、西郡。如此一来，古代的郡辖区被分为若干更小的单位。包括东北地区在内的东国诸国的土地制度基本上以这样的郡和条为单位，其下的单位有并列的乡和村。

上文举出的茨城北郡，由 270 余町的田地组成，其内部分为 23 个乡，其中最小的仅 240 步，最大的有 44 余町。但是这些乡和自古以来的乡——见载于《倭名类聚抄》中的乡不一样，古代的乡名几乎消失无踪，并没有在中世被继承下来。

与之相对，在西国确实也能看到郡的分裂，虽然分出的郡和条等单位并不是说完全派不上用场，但是从总体来看，那里的土地制度还是以自古以来记载于《倭名类聚抄》里的乡为单位构成的。这是加贺、尾张以西诸国共通的特征，东西的边境可以在这一带寻求，只不过在尾张等地，两方面的特征可以说是多少有些混杂在一起。

另外，即便是西国，九州的情况就相当不同。在日向、萨摩、大隅等九州南部，基本的土地单位是例如入来院、伊集院那样的"院"，它可以被认为是郡的一种变化模式（能登国和纪伊国也是一样）。在肥前国，郡也有重要意义，其情况近似东国。

151

庄园

以上这一点，就明确说明了在东国和九州南部，古代所设置的乡根本就没有在当地真正地落地生根，其特征也自然而然地反映在庄园的规模上。东国的庄园常常以郡为单位被寄进（捐献）给权门贵族和寺社势力，因此形成了被称为"郡庄"的大规模庄园。

例如在前面提到的常陆国信太西条，就整个成了八条院领①信太庄，这是拥有田地620町的大庄，试观幸而保留到现在的该国大田文——记载了一国之内全部各种单位田地面积的土地账簿，常陆国内庄园、公领平均一个单位有田地300余町左右（参照表2）。九州南部的情况也是一样，著名的岛津庄就是地跨萨摩、大隅、日向三国，一共拥有田地8712町的巨大庄园。

---

① 八条院领是一大庄园群，以鸟羽上皇皇女八条院暲子内亲王所领有的庄园为起源，后来成为南朝的母体大觉寺皇统的主要经济基础之一。

表2 嘉元四年（1306）常陆国庄园、公领一览

国衙领

领地名	反	步
多珂郡	1534	300
久慈东郡	3802	180
久慈西郡	1335	240
那珂东郡	1457	300
那珂西郡	1525	120
佐都东郡	2898	300
佐都西郡	3563	120
吉田郡	1881	0
东郡	370	0
真壁郡	4170	180
西郡南条（关）	1850	300
西郡北条（伊佐）	991	60
筑波北条	892	240

神社寺院领

领地名	反	步	领主
大桥加津见泽	100	0	
世谷	422	60	
鹿岛郡南条	3500	0	
鹿岛郡北条	2889	240	鹿岛社
行方郡	3308	300	
行方郡加纳	1463	0	
橘乡	257	0	
吉田社	1586	180	
筑波社	560	60	小槻氏
国分寺	130	0	

庄园、保

领地名	反	步	领主
国井保	265	240	小槻氏
石崎保	350	0	大藏省
大藏省保（笠间）	661	0	率分所
率分省保（大泽）	374	120	熊野社
熊野保（酒依）	305	240	伊势神宫（九条家）
小栗保	3200	0	
中郡庄	2831	120	莲华王院
信太庄	6200	0	八条院
南野牧	6500	0	八条院
田中庄	5000	0	八条院（九条家）
村田庄	3600	0	安乐寿院（九条家）

续表

国衙领			神社寺院领				庄园、保			
领地名	反	步	领地名	反	步	领主	领地名	反	步	领主
筑波郡分	1101	180					下妻庄	3700	0	(或为八条院)
河内郡	2600	0					小鹤庄	4000	0	九条家
信太郡东条	2072	240					南条片穗庄	644	180	日吉社
北郡	2724	60					大井庄	721	0	
南郡	2925	240								
在厅名	1544	300								

资料来源：原表根据嘉元四年（1306）大田文制作，原载于《茨城县史·中世篇》（茨城县史编集委员会监修「茨城县史 中世编」，茨城县，1986），略有改动。

与之相对，在大田文也保存至今的西国若狭国，只算庄园的话，平均田地面积是 33 町余，最大的安贺庄不过是 77 町 4 反，最小的立石庄只有 15 町。另外，国衙领的基本单位——乡的平均田地面积不过约 100 町。同样看淡路岛的大田文，该国庄园、公领的平均田地面积是约 40 町，其中虽然有拥有 120 町田地的最大庄园贺集庄，也存

152 在只有 12 町田地的扫守庄那样最小规模的庄园。在山阴道的石见国，庄园的平均田地面积略微少于 20 町。西国诸国的庄园在整体上和东国相比无疑规模较小，在畿内诸国，此类倾向最为明显。

保、名

不光如此，在西国，虽然作为基本单位的乡会原封不动地成为庄园，也有中等规模的庄形成的例子，但一般说来，这些乡还会分出更多的保和名来，其下部单位会变得

154 更加细碎。若狭国的情况就是很好的例子，在形式上拥有 128 町 7 反余田地的富田乡，分出了面积合计 95 町 5 反左右的 24 个别名，除掉其他的寺田、神田，属于乡自己的田地仅仅剩下了 6 町 3 反余大小。

这些别名几乎全部是作为以田地形式充当若狭国在厅官人薪俸的"在厅名"，其中很多只有数町的规模，但是也有例外，即拥有 55 町余田地的最大别名今富名，其下

辖田地不止位于刚才举出的富田乡内，还越过郡界，广泛   155
分布在若狭国内的各个乡中（参照图17）。只有数町田地
的小型别名的情况也基本一样，由此可见，若狭国的土地
制度与其说是基于乡的，还不如说是由这些名构成的。

若狭国的情况可以说是有些极端的例子，但在石见国
和安艺国也可以看到基本相同的情况。比如说，安艺国中
最大的在厅名久武名，其所属田地就分散在饭室村、苅田
村、粟屋乡、长田乡、三田乡、绿井乡、佐西乡、杣村等
地。我想可以说，西国的特征就是名田的分散分布。

与之相对，东国虽然本来也有在厅名，但就陆奥和常
陆的例子来看，在厅名只存在于国衙所在的郡，乃至像常
陆的鹿岛社那样的一宫①周围。在这两国完全找不到名田   156
分散和跨郡配置的例子：常陆国的在厅名集中在国府所在
的南郡内；在陆奥国中，可称得上是在厅名的只有陆奥国
府所在的宫城郡内的高用名。

平民百姓名、在家

在西国的庄、保、名等土地单位内部，像若狭国的太
良庄内存在时泽名、劝心名、真利名、贞国名、时安名、
助国名等百姓名那样，在很多情况下形成了基本由均等的

---

① 某一令制国最重要的土地镇护神社。

（前略）

「国領」

今富名

富田五十五町 西志方郷六町 東郷二反 青井四町六反 不作五町壱反 合田壱町七反 八幡宮給五町三反 見作四町五反 若子五反三百 没収給十三町 公文給三町三反 定田二十町四反三百步（下略）

今名百十五町 志方郷六町七反 東方郷三反廿步 河成五町九反 惣寺壹町三反六十步 熊野給料二反 所当米三十一石七斗代 時定七町三反 定田二十町四反三百步

加熊野三田五步 田数收野三町 步 三方郷三町三百廿步 七反二百六十步 性料三町二反三百八十步 五斗代 時繼三町三反

五田 ②川成五反十步 五反 六反六百步 步 步 步

丁五步 ①定七丁八百步 不川七反八百步 步

光 川五反十步 步 百步

小浜 不壹丁

（東寺百合文書ニ函 [镰仓遗文] 9422号）

图17 今富名的构成

资料来源：史料原文为文永二年（1265）十一月『若狭国惣田数帐案』，收录于东寺百合文库ニ函，刊本可见『镰仓遗文』第9422号文书。

译者注：①指被水灾破坏的田地，该地免除年贡公事；②指不作地，即未耕荒地；③指除田，即年贡公事免除地，一般包括前述的"不作""不作"等各种荒地，以及维持当地寺社的佛神田、代官的津贴给免田，领主直营地和水利费用井料田等。

142

一两町田地构成的平民百姓名，这是平民负担年贡和公事的单位。常陆国的真壁庄里也有平民百姓名，由此可以知道，同样的事例也在东国存在，但它们都是例外，东国郡和乡的内部基层单位基本由所谓的"在家"——百姓的住家房屋——构成，其形式是"在家一宇，田一町"。从武士的让状①可以看到，领地的单位也以乡和"在家"来表现，基本上看不到名的说法。

总体而言，东国的名明显不发达，九州诸国在这一点上也基本相同，依然也是以"在家"为基础单位的。不过，若说到在厅名的话，萨摩国的在厅道友的时吉名散布在高城郡、东乡别符、萨摩郡、祁答院等地，九州南部也存在横跨数郡、院的大型名，这倒多少与西国有些类似。

名和地名

这样一种名的形态的东西差异，从如今的地名中也能清楚地看到。名的称呼一般会被冠上最早的土地开发者或租税承包者的名字；平安后期以降，较早形成的名，一般会被冠以寓意好的名称。

比如今富、国富、稻积、稻富、福富等就是这样的事例，通过这些命名，我们可以明确地知道当时的人们希求

157

① 领地、职权收益、下人等土地和家内奴隶的所有权的转让文书，一般由父母交给有继承权的子孙。

什么。南方熊楠①从他自己的名字"熊楠"出发，注意到了"千代楠""宫楠"等冠有"楠"字的人名，这些人名分布在纪伊、伊势、土佐、尾张等面向太平洋的地区，他从中发现了人们将用于制作船只的楠树作为神木来敬拜的土俗信仰。在探寻民众思想上，土地单位"名"的命名也足可成为非常重要的史料。尾张就有许多名的称呼带有"松"和"花"，如松枝、松武、花长、花正，我想其中应该蕴含着某种深意。

在稍后的时代，如同刚才提到的太良庄百姓名那样，很多名被冠上了和武士本名一样的两字名，但在这一情况下，其名称也没有使用太丰富的字，而是使用了国、时、久、武、贞等某种程度上被限定的一些字。虽然这些字的意义也有深入研究的必要，但不管怎么说，若对这方面略微熟悉一点的话，一看就能知道这是名的命名。另外，也有使用"三郎丸""五郎丸"这种通称的例子。

158　　以这种情况为前提，仔细考察一下现在日本的地名，可见在西国，名的称呼原样传承到今天的例子非常多，以尾张为例，刚才提及的那些名的称呼全部留存在今天的地名中，此外，还可以找到宫吉、宫重、德重等很多事例。而且宫重、花长、德重等地名出现在不同的两个郡中，由

---

① 明治时代的博物学家和民俗学者。

此可知这个名（或者保）的属地是跨郡分布的。

另外，在中国地区山地的庄园，例如备中国的新见庄，仔细考察地名，会发现中世的名的称呼很多也都保留了下来。香月洋一郎以今天广岛县三原市辖区内残留的名的地名为线索，通过详细的调查，完美地复原了名的开发模式（『三原市史』民俗篇所收、1979）。

不过，在东国，这样的例子相当少。虽然有前面提到的常陆国府附近在厅名的名称"稻吉"保留到现在的例子，但名的称呼几乎消失了，因此不得不说"稻吉"是一个例外。如果进行更为详细的调查，虽然事例多少会增加，但和西国相比，其数量简直是九牛一毛。可以说，通过这一点，就能够明确名的模式的东西差异。

年贡——东国的绢、布与西国的米

如以上那样，光是大致上观察了一下庄园和公领的形态，就不得不说在包含东北的东国与西国、九州之间，存在相当大的差异。诸国的庄园、公领向中央缴纳的年贡，在东国和西国之间也有明显的差别。

以往，中世的年贡被认为都是大米，这个看法完全是错误的。以绢、布的纤维制品为首，金、铁等矿产物，乃至盒子、瓦、炭、薪、油等加工品，牛、马等家

159

畜也成了年贡。但由于它们都是以对水田赋课的形式来征收的，以往人们总是把这些实物年贡当作米年贡。实际上，"薮泽之土宜"（当地的土特产品）与"山野林之所出"也作为年贡缴纳（拙作岩波新書『日本中世の民衆像』、1980）。

从这一观点出发，重新整理诸国的年贡品目的话，就能明确地看出东国的年贡几乎无一例外全有纤维制品。尾张是绢和丝；三河是绢；美浓全部都是八丈绢；信浓是白布；远江虽有一些收米的例子，但主要是绢和布；骏河是白布和绢；伊豆和甲斐是白布和绢；相模是布；武藏是绢和布；上总是绵、白布；下总是绢、布、绵；常陆是绢；上野是布；下野是绢；陆奥虽然一开始是金和马，后来也变成了布；出羽的年贡也换成了绢。北陆如后文将述大多为米年贡，但越前有若干绵年贡的例子，越中和越后也多以绵为年贡。

就像这样，中世越中、美浓、尾张以东的诸国年贡以绢、丝、绵、布为大宗。而且，由于在伊势也能看到相当多的贡绢之例，也许可以说从此就进入了东部圈。

不消说，西国的年贡品类也是各式各样的。可以看到畿内诸国有油、香、薪、炭、茭白叶编席；在和泉，梳子和车轮成了年贡；在近江有年糕、香、板材；丹波则是纸、杂器、瓦等；丹后占压倒性地位的是绢和丝；但马全

160

部是纸；伯耆和出云以草席和铁为多。山阳道的播磨有纸年贡，美作有油，备中有布、纸、铁，备后有炭和纸，周防出板材，长门有牛。在南海道，纪伊有绢，淡路有炭和薪，阿波出红花、木材、油、炭、薪、桧皮，赞岐有油，伊予出板材，而濑户内海岛屿的年贡基本都是盐。

在九州，虽然有大隅的皮革、肥后的绢等事例，但米占压倒性多数。并且山阳道、南海道的米年贡也很多，伯耆、因幡、丹波等山阴道诸国，以及北陆道的若狭、越前、加贺、能登也以米为主。在近江，也可以说米年贡占了压倒性多数。虽然如上那样可以看到相当多的例外，但西国诸国的主要年贡还是米（参照表3）。

161

表3　诸国年贡一览

	米	绢	布	绵	丝	主要年贡	其他品类
山城	○		○			米	香、油、稻草、皮革、薪
大和	○					米	油、草席、红染料、茶点、铜绿颜料、松明
摄津	○		○			米	油、榻榻米、茭白叶编席、皮革、柏木器、杂器、鲷
河内	○					米	香、油、茭白叶编席、皮革、薪
和泉	○	○		○			油、炭、薪、车轮、梳子、鲷
伊贺	○						油
伊势	○	○				绢	
志摩							

日本历史上的东与西

	米	绢	布	绵	丝	主要年贡	其他品类
尾张		○			○	绢、丝	漆
三河		○					
远江	○	○	○	○			纸
骏河		○	○			白布？	
甲斐		○	○			白布	
伊豆		○				布？	鱼贝、海藻
相模			○			布	榻榻米、帘子
武藏		○	○				
安房							
上总	○		○	○		布、绵	油、鞦
下总		○	○	○			
常陆		○	○	○		绢	油
近江	○					米	香、油、茭白叶编席、稻草、板材、皮革、年糕
美浓		○		○	○	八丈绢	弘纸
飞骅							
信浓			○			白布	
上野			○			白布？	
下野		○	○			绢	油、马
陆奥			○			金、马	紫色染料
出羽						马	金、漆、鸳羽、绢
若狭	○			○	○	米	鱼贝
越前	○	○		○		米、绵	漆
加贺	○			○		米	
能登	○					米	香、釜
越中	○	○		○			

续表

	米	绢	布	绵	丝	主要年贡	其他品类
越后	○			○		米、绵	漆
佐渡							贝、鲍
丹波	○					米	香、油、板材、纸、瓦、杂器
丹后	○	○			○	绢、丝	油
但马	○	○				纸	
因幡	○		○				盒
伯耆	○					草席	铁
出云	○					草席	铁、榻榻米、皮革
石见							铁
隐岐							铁
播磨	○					米	油、板材、纸、腰刀
美作							油
备前	○	○	○	○		米	油、皮革、盐
备中	○		○			米	香、油、纸、皮革、铁
备后	○					米	油、纸、薪、炭、去皮干栗、盐
安艺	○					米	
周防	○					米	板材、木材、盐
长门	○						牛
纪伊	○	○		○			油、板材、薪、炭
淡路	○						薪、炭、盐
阿波	○						油、板材、木材、桧皮、红花、薪、炭
赞岐	○						油、炭、盐
伊予	○						油、板材、盐
土佐	○						
筑前	○					米	

	米	绢	布	绵	丝	主要 年贡	其他品类
筑后	○			○			
丰前	○						
丰后	○	○					
肥前	○					米	
肥后	○	○		○		米	
日向	○						
大隅	○						皮革
萨摩	○			○	○		
壹岐	○						
对马							

　　毫不过分地说，东西之间的差别在这一点上也体现得非常鲜明。当然，在九州南部、山阴，以及产铁的中国地区的山地、产盐的濑户内海岛屿地区，西国各个地域的产物相当多样化，而完全以绢和布作为年贡的东国，几乎无缘于米年贡。

　　以往，人们用交通运输条件来说明这些不同之处。由于米的重量大，只能依靠船来运输，从而形成了这种差异。这确实是一个相当重要的条件，但不能依靠这种说法解释的现象太多了。从北陆可以运来很多的米，那么从山阴方面怎么就运不过来？另外，前面提及东海道的海上交通也十分繁盛，那样的话，为什么不能像畿内近国一样规定米为年贡？凡此种种，真要问的话还能提出更多疑问来。

另外，必须考虑到这些差异也受古代制度的影响。本书在此虽不能深入，但即便将其纳入考量也可以推断，东西之间之所以有如此明显的差异，还是在于东国、西国的自然条件不同，在此基础上，两者之间农业与非农业，或水田与非水田等生产模式的差异甚大。

东国的旱地，西国的水田

大体来讲，可以说东国以旱地为主，而在西国水田占优势。像此前已经陈述的种种事例那样，这一点的深厚根源或许也可以追溯到弥生时代。 164

现在的通行学说声称，日本社会完全是以水稻耕作为基础形成的，日本人的生活是以米为中心来经营的——基于此类观念，以上述事实为根据，可以主张西国正是水稻生产力高的先进地域，而东国是水田普及程度低的落后地域。只要以水田中心的观点来看，这一主张就不能说不对。

但是，这种以水田为中心的观念，让人误以为中世年贡全部都是米年贡，并使这样武断的观点得以长年累月地横行无忌，如果大家还要继续附和这样的通行学说的话，那就可谓是非常危险了。实际上，如我已借其他机会详细论述的那样，日本的庶民生活绝不是光靠稻米来支撑的，倒不如说其日常生活依靠的是稻米以外的食物。

并且，从水田成为年贡赋课的基准这一点可以明确看到水田带有显著的制度性特征，它源自成立于畿内的大和朝廷在律令制下施行的班田制，从中世的公田制到近世的石高制为止，水田一直是统治者赋课的基准。这样一来，如果我们盲从于上述通行学说那样的水田中心史观，自然而然地就会被以统治者为中心的史观误导，进而有陷于畿内中心史观的危险。

这并不是说东国本来是先进的。只不过，在去除这种既成观念影响的基础上，我们要立足于各个地域的独特个性来理解它们，这是非常重要的。

坪井洋文基于民俗学的立场，以实证为依据，强调单纯以稻作民的民俗习惯来把握日本民俗的做法是错误的（前揭『民俗研究の現状と課題』）。我认为，只有基于民俗学、文化人类学、考古学、地理学和社会学等诸学科紧密一致的通力协作，经过地域研究的工作，才能真正地让不受歪曲的日本历史形象浮现在我们眼前。

如前所述，关于庄园、公领形态的问题也是一样。在这一领域的研究中，绝不能说西国的庄园和公领的模式就是先进的。我接下来就要考察这一点。

九　"家"型社会
和"村"型社会

东国的豪族型武士与西国的中小武士

正如前文提到的那样，庄园和公领的各单位——庄、
保、郡、乡、名等被庄官、保司、郡司、乡司、名主等职
各自承包管理。因此，庄园和公领的东西形态差异，实际
上就体现了东国和西国的人际关系与社会关系的差异。

事实上，在以郡为基本征税单位的东国，实力足以包管
一郡之地的豪族型武士分布在诸国。比如在下总的相马郡，
自平安时代后期以来，平忠常的子孙千叶氏世袭郡司职，并
将整个郡作为相马"御厨"寄进给伊势神宫。这一族便以郡
名作为姓氏，称相马氏。① 这种情况在东国相当普遍。

---

① 　具体而言，他们是千叶一族中源自千叶常胤次子相马师常的一系。

167 镰仓时代以降，世袭常陆大掾一职的常陆平氏一族在该国南半部颇有威势；平安时代后期以后，常陆平氏的诸系在各郡世袭郡司，而在镰仓幕府成立后，就被称为郡地头。比如，其中的一系是行方氏，以行方忠干为始，他们世代担任行方郡的地头一职，忠干之子景干把小高、岛崎、麻生、玉造、手贺五个乡分别传给五个儿子，其中岛崎高干又把矢幡和"土子"二地分给自己的两个儿子。

如此一来，成为郡地头的豪族武士将自己支配的郡内各乡的地头职分给子孙，就像蜜蜂分巢一样，把自己的子孙分别安插到各个乡。这些子孙则各自率领其郎党、下人、

168 所从①，在自己的本领地建造居馆，统治乡内的百姓们。在面朝霞浦的舌状高地上，就留下了一大堆诸如手贺城、鸟名木城、芹泽城之类的行方氏诸系武士居馆的遗址。

一旦发生战争，作为一族之长的"惣领"就率领这样分散在郡内的庶子诸家，以一族为单位参加战争。前文斋藤实盛说东国大名的部下不下五百骑，正是说明了东国武士团的这种实际情况。

与之相对，西国虽然姑且以乡作为基本单位，但也有大量的保和名这样的单位存在，这种模式显示了领地规模小但地位独立的武士大量存在。

---

① 中世的家内世袭仆从身份。一般仆从中上层称郎从，下层称所从，所从和下人基本同义，但其主人限定为武士。

图18 鸟名木家

资料来源：茨城县玉造町手贺，左面靠内的高地上有城馆遗迹。

以若狭为例来看，可以推断上述今富名的领主稻叶时贞①在平安末期既掌握了国衙的税所，同时也成了远敷郡和三方郡的郡司。然而，时贞与其说是郡司，毋宁说是远敷西乡、远敷东乡、富田乡和三方乡的乡司，或是在厅名的名主。

虽然这体现了西国的特色，但时贞将郡内的诸乡分给子孙，这一点和东国的豪族型武士完全一样。志万乡被分给了以"和久里"为苗字②的儿子；安贺乡被时贞寄进给山门③，

---

① 又写作稻庭时定，二者的日语发音完全一致。

② 苗字，12世纪以后地方领主一般不称本姓（例如源、平、藤原、橘等），而以其宅居地或所居官职的名称放于名前，作为自立的家名，以区别于同族。

③ 指比叡山延历寺。

169　成为安贺庄，也可以推断是由其一族来担任乡司和庄园下司的。但是在远敷郡内，还有很多和稻叶氏完全不是一系的领主分布在各个山谷中。例如，在西乡和东乡等田地构成的太良保之中，丹生出羽房云严因担任公文①一职而成为此地根基深厚的领主；同样，所属田地分散在各个乡的细工保则以下司木崎氏为领主；宫河保的领主是任公文职的宫河氏；国富保的领主是国富氏；等等。

这些人姑且都认时贞为"惣领"，但各自保持了独立立场，和时贞一样，都是若狭国国衙的在厅官人，作为其"傍辈"②的一员并肩而立。这一点和前面提到的东国的郡地头模式明显不同。

伴随镰仓幕府的建立，若狭国内的这些领主基本都成了将军的御家人。由时贞汇总造册、在建久七年（1196）向幕府上报的御家人交名（名簿）中，罗列了包括时贞自己及其一族在内的共 33 名领主的姓名，其中时贞的待遇和其他人没有什么不同。

各国守护将其国内堪为御家人者的姓名收罗起来，制成名簿向幕府呈报——以这种形式，包括九州在内的西国领主们都得到了御家人的地位。因此，可以认为西国御家人中有170　一大部分不曾见过他们的主君"镰仓殿"，即幕府将军。

---

①　管理庄园文书的庄官下司。
②　指侍奉一主一家的同僚。

东国的情况则完全不同，一族的“惣领”会亲自在将军面前提交名簿，名簿中的人通过拜谒将军的仪式，和将军结成主从关系，成为将军的“御家人”，这是东国御家人和将军构建主从关系的一般模式。

如此一来，可以认为，在东国能够看到本来意义上武士团的主从制、惣领制关系的典型模式，在西国虽然也有同样的关系存在，但是西国武士并不以“惣领”为核心，每一国的御家人作为相互平等的“傍辈”团结起来的倾向非常之强。实际上，就诸国御家人如何担负京都大番役①等各种军役来看，虽然东国御家人姑且也算是以国为单位进行调派的，但还是主要以家族为单位执行任务，而西国御家人则是由该国守护统率，以一国为单位执勤。

人与社会的关系——纵向结合的逻辑和横向结合的逻辑

御家人的世界

这样的东西差异，在东国御家人被补任为西国的地头

---

① 　镰仓幕府御家人基本的军役之一，即到京都天皇居住的内里和上皇居住的院御所担任警卫。院政时代已有东国武士上京执勤之例，这在镰仓时代成为幕府御家人的一般任务，执勤时期为三个月到六个月。督促武士出勤也是各国守护的重要任务。

之际，就引发了剧烈的摩擦，两方在"体质"上的差异就更为显著地体现出来了。接下来，我们仍以若狭为例，时贞在建久七年（1196）触怒了源赖朝，其领地几乎被全部没收，东国御家人岛津氏一族中以若狭为苗字的若狭忠季①被补任为远敷、三方两郡的惣地头。

虽说是惣地头，实际上不过是承接了乡司、下司之"迹"② 的乡、庄地头，但是若狭忠季把之前的领主——西国御家人们当作自己的仆从一样使唤，尤其在承久之乱后，若狭氏以当地御家人和京都的后鸟羽上皇干系不浅为由，逐一没收、兼并他们的领地，因此若狭国御家人从33 人减少到了 14 人。东国御家人若狭氏这种行动遵循的逻辑无疑是基于严苛的主从制原理的：从者的所有地就是主公的领地。

在宽元三年（1245），若狭国当地的御家人对此采取反击。他们以当国御家人的名义，向幕府提出恢复由于地头的胡作非为而被没收的 16—17 家御家人领地的诉状，并在建长二年（1250）再一次提出诉讼，其诉求大体得以实现。他们以一国御家人的身份为纽带，"傍辈"同僚

---

① 若狭忠季是源赖朝宠臣、萨摩岛津氏初代家主岛津忠久的弟弟。
② "迹"一般冠于人名或官名之后，如某某迹，指的是死者或逃亡者遗留的房屋土地财产，逃亡者或家名断绝无继承者的"迹"，会成为领主没收的对象。

团结一致，发挥了强大的力量，相对于东国御家人的主从制逻辑——纵向结合的逻辑，这可谓是一种横向的社会结合原理。

不只是若狭国，在九州诸国也是一样，幕府会以东国御家人补任居于以往土著领主之上的惣地头，而被称为"名主"的土著领主——小地头对于惣地头的抵抗也时常可见，虽然形式上没有若狭国这样明确，但可以说这是日本西部普遍存在的倾向。

172

百姓的世界

百姓的情况也是一样，被补任为西国的庄、保等地头的东国御家人，从东国来到西国的任地后，常常以些许小过为借口，从百姓处收取科料①；如果百姓缴纳不起，就将其放逐，或者把他们当作下人、所从使唤，以身代偿。另外，因百姓逃亡或死亡而遗留下来的无人产业，被分给地头的下人和所从，也被置于地头的支配之下。

对于东国御家人来说，这是理所当然的事情。东国的领主们生活和支配的据点，就是其居馆——"家"（イエ）。那里是完全不许他人侵入的"圣域"，而住进其中的人，就是必须完全服从领主意志的下人和所从。居馆的

———————

① 罚款。

周围被称为堀之内、门田、土居，乃领主"家"的延长，那里有领主直接经营的被称为"手作地"的稻田或旱地。领主的下人和所从负责耕作这些田地。当然下人和所从中也有在领主居馆旁边的住家里居住，耕作其他田地的人，但其田地都在领主的管理下。不过，居住在乡中"在家"①的百姓，就不是隶属领主的下人、所从了，而是自由民——平民。

173　　　不过，如前文所述，东国的百姓们一般没有自己承包的特定水田和旱地，即百姓名的田地。东国百姓由领主发给种子和"农料"（耕作的必要费用），并耕作领主分配给他们的水田、旱地，被置于领主的保护之下。百姓的地位和领主的下人、所从不同，只要不拖欠年贡公事，他们就是自由的。虽说如此，但只要他们在乡里耕作，居住于"在家"之中，就被纳入了领主"家"的支配延伸部分。但是，分发种子和农料，在乡中的寺社举行神事和佛事，让百姓能够安稳地耕种田地，则是领主要对百姓所尽的义务。东国的郡乡治理，就是由这样的领主支配力量支撑起来的。

　　　被补任为西国地头的东国御家人，企图在西国也实行这样的支配。如前文所述，西国的庄、保、名是由若干面

---

① 中世服"在家役"的特定单位，不仅包括农民居住的房屋，而且包括附属的田地。

积均等的百姓名构成的。这一点显示，在一个庄或保的单位中，有数名到数十名百姓有足够且稳定的能力来承包一两町或数町水田或旱地。

被称为"本百姓"的这些农民，拥有极少数的下人、所从。虽然也有被称为"胁百姓""小百姓"的小农跟随本百姓，但与其说每个本百姓都把胁百姓置于自己的保护下，不如说本百姓作为一个整体对胁百姓拥有主导权。本百姓就是"乙名"① 和"古老"②，庄、保的寺社也由这些人支撑运作。

174

对于这些西国居民来说，从东国空降的地头把百姓当成隶属于自己的下人、所从那样使唤的支配方式，明显是野蛮而不能忍受的。理所当然，他们反感和敌视地头和地头代官，但地头也将计就计，抓到些许过错，就把他们弄成自己的下人、所从来驱使，或者惩以放逐，将其所有的名田没收为地头私领。

在若狭国太良庄，地头若狭氏的代官就强制推行这样的支配。但是百姓们不肯屈服，以时泽、真利、劝心为中心的六位名主，就结为"一味"——恐怕是将写好的誓神文（起请文）烧成灰后混在水中，同饮此"神水"，发誓共同进退，坚持抵抗——并且终于把地头的不法行为告

---

① 即长老。

② 通晓故事的老人。

到了六波罗探题的法庭上，使法庭认定地头代官胡作非为，成功地将其罢免。

此种百姓的强烈团结尤其见于名主和本百姓之间，并且基于这种同仇敌忾之心而对东国地头的抵抗运动，在镰仓时代的西国各地到处发生，而同样情况在东国就基本看不到。这样一看，不得不说这果然体现了西国和东国相异的社会特征。

所谓的东国社会，以领主的"家"的支配为核心，以父权制性质极强的主从关系为基础，百姓纵向地与领主结合。相对于此，西国小规模百姓的"家"横向联合起来的"村"型共同体十分发达。由于这种百姓共同体时常支持着庄、保神社的宫座组织，故也可以说是一种"座型结合"，这样的百姓联合构筑了西国社会的基础。

堀之内和垣内

东国叫"堀之内"的地方非常多。在常陆国各地走一走，到了任何一个村子（大字①），都能见到叫作"堀之内"的地名。西国虽然也有，但确实没有多到这种地

---

① 大字是市、町、村内行政区划的一种，是包含了"小字"的广泛区域。

步。中世的检注①是由骑着马的检注使实施的，据说连检注使的马鼻子都不敢朝着"堀之内"，可见它被当成领主的"圣域"，毫无疑问那里就是领主的据点、"家"支配的根据地。

与之相对，西国有很多叫作"垣内"的地名，"垣内"也是被墙围住、不许他人侵入的"圣域"，处于国检的外围。百姓在那里开辟旱地，将其作为居住地。虽然很难说平安时代的"垣内"能和现在的集落直接挂钩（水野章二「平安期の垣内」、『史林』65-3 号、1982），但在大和国，随着整个中世的集村化趋势，被称为"垣内"的环壕集落——"村"陆续出现。

如果我们承认堀之内和垣内的这种对应关系属实，那 176 么可以说这里也体现了东国的"家"和西国的"村"的不同之处。毋庸赘言，这一不同之处——"家"型的、父权制的、主从制的东国，与"村"型的、年龄序列制的、"座"型的西国之间的差异，分毫不差地对应了之前提到的东国御家人和西国御家人的区别。

而且读者肯定会注意到，这一不同之处和本书开卷所提到的基于民俗学和社会学成果看到的日本东西部差异几

①　在中世时代为调查土地所有关系，确定征税对象地和责任人，征收年贡、官物、公事而进行的土地调查。对公领的检注称为"国检"，对庄园的检注称为"领家检注"。

乎完全一致。事实正是如此。在现在的民俗和社会结构上看到的东西差异，无疑可以追溯到中世。如此一来，这一差异就至少持续了九百年以上，甚至或许还可以上溯到古坟和弥生时代。

目前的通行学说，基于西国独立性强的百姓的普遍存在、频繁发生的百姓抗争，以及前面提到的水田生产力高，认为西国是先进的社会，把百姓独立性不强的东国当作发展迟缓的落后社会。这种看法仍是主流观点，但是，这样一来，东国在这九百年间一直都是落后地域，我觉得这是咄咄怪事。

177　　倒不如将这些不同归结于东西社会的"体质"不同。并且，更加实事求是地说，虽然东国与西国的方式相异，但东国也有自己独特的社会发展进程，也曾遭遇百姓的抵抗。

职人的世界进程

我们也可以在"职人"的世界中发现这种东西差异。职人与平民百姓、下人和所从一样，都属于中世被支配阶层。

这里所谓的"职人"，比近世以后的"职人"更加广义，不仅指铸物师、锻冶匠、木匠等手工业者，也包含了阴阳师、巫女等宗教和巫祝人员，以及傀儡师、游女、博弈打①等狭义的艺能民。就如他们被叫作"诸道之辈""道之者"一样，这些人各有其"道"，以其职能——"艺能"立身。从平安末期到镰仓时代，职人游历诸国，普遍以其"艺能"和其副产品做生意和买卖。

在包括九州在内的西国，这些职人中，从属于天皇者被授予"供御人"称号，结托神社之人则成为神人、供祭人，和寺院有关系者则成为其寄人，他们被免除了平民必须承担的年贡、公事和课役，被赋予自由往来诸国的特权，通过其"职能"来服侍天皇和神佛。在这一点上，职人是和平民不同的身份。

这样的职人各自结为集团：一般在其基层有若干人结成的番，由"番头"统辖；作为一个整体，则有惣官、兄部、沙汰者等人统辖。对天皇和神佛的侍奉，也按照番的次序进行。

178

比如说，铸物师自平安末期以来被称为灯炉供御人，隶属于天皇的家政机构藏人所，以河内、和泉两国为中心分散在诸国的铸物师被编成番，通过番头进贡殿上使用的灯炉。另外，在近江的坚田，成为京都下鸭神社供祭人的渔民集团集居在此，他们也结成番，向下鸭神社献纳用于供神的鱼。

---

① 职业赌徒。

图19 "诸道之人"左上为铸物师，左下为博弈打，右上为医师，右下为巫女

资料来源：东京国立博物馆藏《东北院职人尽歌合》。

179　　　像坚田那样职人集居的情况下，他们所供奉的地方神社的"宫座"，与其番的组织基本重合。实际上，这样的职人组织自身就往往被称为"座"。在一个座里，番头即乙名和老众，老众的地位由表示年功序列的"﨟"来决

定。"臈次"（らっし）① 这个词就是这么来的，"らちも
ない"② 这句话，就是从"らっしもない"演变出来的。
并且，这个职能集团内部的纠纷在这些番头和老众的领导
下由组织自行处理。

中世被称为"非人"的集团，也是以清扫、殡葬、　　　180
刑吏为业的职人，由"长吏"统率的这些人也结成了座
型组织，服侍天皇和寺社。如大山乔平所指出的那样，一
般认为，集团内部发生的刑事案件由他们内部来处理。

就这样，在西国，每一个职能的职人都结成了座型集
团，和天皇、神佛相联结；而在东国则几乎看不到这样的
组织。当然，镰仓有材木座，也有"非人"的组织存在，
但这些组织很大程度上是从京都移植过来的，很难说是东
国独有的职人。铸物师和锻冶师也多是从畿内和京都等西
国地区移居过来的，不能证明东国存在土生土长的职人。

基于这种情况，东国在以往依旧被认为是生产力水平
低下、社会职业分工程度不高的地域。但是众所周知，在
东国铁佛广为分布；另外，被称为"铊雕"，即留有圆凿
痕和弧口凿痕的木雕佛像也是一种东国特色（久野健
「ナタ彫」、前揭『東日本と西日本』所收）。就石工而
言，虽然确实有跟随律僧一道从畿内前往东国的石工集

---

① 指事物的顺序。
② 意为没头没脑，毫无前后逻辑。

团，但不能简单地认为广见于关东的板碑和他们有直接联系。

181　考虑到前文提及的东国独有的冶铁，在东国肯定也有根据当地居民的偏好来制造产品的"职人"。就目前的实际情况而言，既可以认为从西国移居过来的职人就这样带上了东国风格，也可以认为东国和西国存在不同系统的职人，这一问题还有待今后的研究。

在时代相当靠后的应永二十年（1413），越中国的铸物师共有"寄人"二百五十户，他们在二十户"栋梁"的带领下开展活动（「東寺百合文書」ヌ函）。其数量之多固然值得注意，但这种"栋梁—寄人"结构的职人组织很难说是东国独有的。即便如此，这或许也可以成为研究和"座"的形态相异的东国性职人组织的一个头绪，毕竟这种把职人组织首领称为栋梁的现象，还是在东国更常见一些。

这且搁下不谈，我们也可以从别的方面着手来讨论这个问题。通过名为"公家新制"的朝廷法令，从平安时代末期以来，供御人、神人的交名（名簿）都被造册留档。此举旨在抑制拥有特权的人群的任意滋生。后来在镰仓时代末期，守护又奉幕府命令，指示国内的寺社编报神人和供御人的名簿，可以推测，这一时期编报的名簿汇总了从平安时代末期到镰仓时代前期国衙奉朝廷指示让寺社

182

编报的交名。

如今还没有弄清楚这些神人、供御人的交名是否在东国也被造册上报,但不管怎么说,这一编制职人交名的做法,和前文提及的西国御家人的交名造册上报酷似。这样的话,西国御家人类似"职人"的现象就不足为怪了。

本来,武士就可以说是以武力为技艺的职能民集团,前文已提到了"兵之道",如"弓箭之道""弓马之艺"等说法中看到的一样,武士也可称是"诸道之辈"中的一种。

事实上,早在镰仓幕府的法律书《沙汰未练书》中就能看到"名主、庄官、下司、公文、田所、惣追捕使以下职人等"的例子,"职人"这个词语本身就是同庄园、公领的庄官——其中多数是成为西国御家人的武士——一起出现的。

这些庄官有权领有"给免田地",即全免或部分免除年贡、公事的田地。他们通过履行各自职能来侍奉庄园、公领的支配者,例如负责处理文书的"公文"、负责有关田地事务的"田所"等,御家人还要应守护的催促去担负京都大番役。在这一点上,其基本模式也和供御人、神人服侍天皇和寺社的情况相去不远。

另外,和庄官一样,供御人和神人也普遍拥有"给免田地"的权利。这样看来,西国御家人作为职人的一

183

种变形，被称为职人型武士也毫不奇怪。因此，西国御家人的横向联合也可以被认为是座型结合的一种。

但是和之前提到的一样，东国御家人与此不同。东国并没有编制各国的御家人交名。我想，这大概是因为东国基本没有供御人和神人那种形态的职人，恐怕实际上也没有编报这些人的交名。虽然还没有确凿证据，但既然东国御家人是以不同于这种职能民的原理的主从制原理组织起来的，那么东国的职人依然应具备"亲分（老大）—子分（小弟）""栋梁—寄人"这样的纵向组织结构。

西部的"职能国家"和东部的"主从制国家"

184　　既然东国和西国的社会结构如此不同，那么以此为基础成立的国家的结构当然也不同。

上文提到的西国庄官被称为职人的缘由，首先当然是这些人以名主职、公文职、田所职、惣追捕使职等"职"的形式累代世袭其地位。至此为止的这些"职"，乃古代以来的官职演变而来，被规定享有获得某些收入和利益的权利。一直以来我们都认为，中世国家的基本框架就是"职"的交错重叠结构。这些"职"包括领家职①、预所

---

① 庄园的实际领主，有时还将庄园寄进给更上一级的权门"本家"。

职①、地头职、下司职、公文职等，领家任命预所，预所任命下司和公文，从而形成一种多重结构。

但是，如果考虑到与前述职人的关系的话，与其把"职"和官僚制的"官职"挂钩，还不如把它和"职能"联系起来看。人们把职能规定的义务——"职务"承包下来，相应地世袭其附带的好处，这就是"职"的本质。西国的国家正是在这种多重体系上成立的国家。

由于平氏的西国国家过于短命，要把握其结构很困难，但在镰仓幕府——东国国家成立以后，由京都朝廷所支配的西国国家便以此为本质。佐藤进一已将其定义为"职能国家"，永原庆二也认为"职制国家"的说法适合西国，对这个问题我也持一样的看法。

与之相对，正如前文所述，东国国家可以说是以主从制和惣领制为骨干的国家。由于源赖朝和后白河院的交易，东国国家和西国国家未曾作为完全不同的国家各走各路，姑且基于庄园公领制的制度体系，在形式上整合为一个国家。私以为，东国的"职"也以郡司职、乡司职等形式建立了自身的秩序，而在西国的武士团之中也多少存在一些主从制、惣领制关系。

像后文将要提到的那样，经过整个镰仓时代和南北朝

① 直属本家和领家的代官。

时代，东西两地的交流变得愈加活跃了，这种特征进一步交融。

但是东国的"职"的秩序本身在起初就不甚发达，其结构非常简单，很难说是一种"多重体系"。从此前的论述可以清楚地看到，正是主人和从者（或家人）的多重关系，成为保障东国秩序的重要支柱。

186　　我们不能单纯地说这种情况是东国的落后造成的，社会基层的结构差异会体现为权力机构的形态差异。这样一来，乍看是一个国家的"日本国"中实际上依然存在东国和西国之间根深蒂固的裂隙，这种裂痕至少使两个国家的暗流潜伏在社会的深层中。双方的融合虽然在迟缓地进行，但绝非易事。

前述的东国地头与西国御家人及百姓的尖锐对立，就很明确地说明了这一点。在下一章，我将从婚姻关系入手，更加深入地思考这个问题。

十 从谱系图看日本的东与西

母系谱系图的世界

若狭一、二宫社务谱系图

在若狭国的一宫若狭彦神社和二宫若狭姬神社中，名
为《若狭国镇守一、二宫祢宜历代系图》的详细谱系图
传承至今。这张谱系图被制成长卷，虽然其后半部分是战
国时代以后添加的，但其前半部分是 14 世纪后半叶南北
朝时代所作，是实实在在的古谱系图。现在，它被收藏在
京都国立博物馆中。

若狭国一、二宫的祢宜家一族，以神社附近的小地名
牟久为其苗字，称牟久氏。① 原本这一谱系图是以牟久氏

---

① 祢宜一般是神社负责人神主之下的神官，这里提及的牟久氏实际上
任该社的社务职。

的家谱为轴心编纂的，但非常值得注意的一点是，从 12
世纪后半叶开始，这一谱系图不光像一般谱系图那样以父
系为中心，也广泛包含了母系的谱系。自然在某种程度
上，同牟久氏有姻亲关系的别家，乃至和其姻亲联姻的其

188　他氏族的谱系也被相当详细地记入这张谱系图。

　　比如说第十代祢宜牟久利景的女儿，成了隶属于一、
二宫的若狭国祈祷所的供僧多田慈心房的妻子，其子名叫
多田资政。多田氏是以邻近小浜的多田这个地名为苗字的
在厅官人，多田资政自己是御家人和久利政氏的养子。这
张谱系图记载了资政的子孙，即多田氏一系四代人的
情况。

　　同样，第十一代祢宜牟久景高的女儿的夫家池田氏的
谱系也被记入其中；在第十二代祢宜牟久景继那里，不仅
其女的丈夫木崎泽方俊氏的谱系被记载下来，而且连俊氏

189　自己的孙女所嫁的在厅官人田中氏的谱系也被写进去了。

　　该谱系图如此执着地追溯母系，结果除上述诸家以外，
还包含了鸟羽氏、和田氏、木崎正行氏、和久利氏、仓见
渡部氏、印庭氏等诸氏谱系的零碎记录。另外，虽然其子
孙没有都被记载，但女性所嫁的丈夫姓名基本毫不例外地
被记录进去了，关于孩子的母亲也可以看到不少的记录。

　　这样一来，出现在这张谱系图中的女性的比例就明显地
偏高。以 12 世纪后半叶到 14 世纪后半叶的八代为例，在

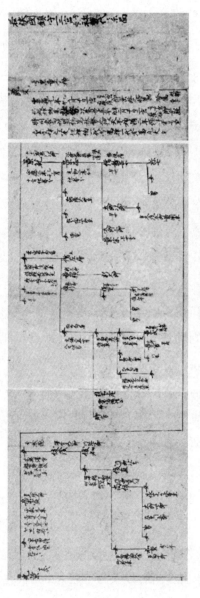

图 20　《若狭国镇守一、二宫称宜历代系图》（京都国立博物馆藏）

这张包括女儿们的丈夫和生母在内的谱系图里可以看到女性占了总人数的 33.2%，即约三分之一。特别在 13 世纪后半叶谱系记载最详尽的世代里，女性占比达 42.1%；14 世纪初的世代中有记录的女性则占 35.8%。如同后面会提及的那样，在镰仓、南北朝时代作成的谱系图里女性的比例较高于室町时代以后的谱系图。即便如此，牟久氏谱系图与总体趋势相比，记载的女性之多也令人惊讶。

为什么牟久氏谱系图会这样卖力地追溯母系呢？我认为其背后隐藏了各种各样的因素：若狭国一、二宫祢宜的立场——他们与本国镇护神明血脉相连，是若狭国的精神核心所在；以及这张谱系图编纂时期该国的情况——正处于南北朝时代后期的动乱中；等等（请参考拙作「中世における婚姻関係の一考察―〈若狭一二宮社務系図〉を中心に―」、『地方史研究』107 号、1970）。无论如何，眼下可以确定的是，谱系图的编纂者相当重视姻亲关系。正如前述，其执着之甚到了将姻亲的姻亲，乃至更外围一层的姻亲都纳入谱系图的程度。

其结果是，我们可以清楚地看到，若狭国的一、二宫祢宜一族牟久氏和广泛的人群（从国祈祷所的供僧、国分寺的僧人、惣社的神官到在厅官人，以及若狭本国御家人）结成了网眼一样密集的婚姻关系。反过来看，若狭国的御家人彼此之间，以及与上述人群之间也结成了两到三层的姻亲关系。

前文提到，若狭国御家人采取横向联合模式，以类似座型的组织原理进行活动。而在实质上支撑起这些活动的重要纽带，正是如此密切的婚姻关系。并且，在时代略微靠后的观应二年（1351），若狭的国人一揆①在当年十一月驱逐了若狭守护大高重成的守护代大崎氏，短暂掌握了其国中主导权，想必也是由这样的关系支撑起来的。

若狭国人重视母系和姻亲关系这一事实，也完全符合前文提及的宫本常一所指出的西国重视母系和姻亲的特点。

当然，也有观点认为若狭牟久氏的谱系图属于例外。确实，迄今为止尚未发现其他追溯母系到了这种程度的谱系图。但是多少与其类似的事例，还是能举出几个。

《中家系图》

和田氏作为和泉国御家人，活跃于镰仓末年到南北朝时代的动乱中。在其文书中，有一张推断为南北朝时代制成的《中家系图》流传下来。这张谱系图是和泉和田氏的本族族谱，该氏起源于藤原氏先祖中臣氏一族中的清麻吕、诸鱼②

① 南北朝、室町时代以后，地方武士领主被称为国人，也称国众，他们之间以各种目的结成的契约共同体就称为国人一揆。

② 大中臣清麻吕（702—788），本为中臣氏，后赐姓大中臣氏，为大中臣氏祖，系奈良时代中晚期的贵族，官至右大臣。其子诸鱼在平安时代初期的桓武朝担任参议、近卫大将、神祇伯等职。

一系。从诸鱼四代之后助平的子孙辈，即 10 世纪前后开始，其记录转而详细起来，叙事正确度也大大提高；到了平安末年和镰仓时代，其记载就变得更为详细，追溯至其下各脉的子孙。虽然数量未及若狭的例子，但这一时期的谱系图果然也包含了几例母系的谱系。

比如，关于郡户章贞的女性亲属，就记载了其三代前后的谱系：在章贞的妹妹之中，成为后鸟饲中七武者之妻的淀殿，以及嫁给了大和田俊重的另一名女子的两例都追溯记录了后鸟饲氏和大和田氏的谱系。除此之外，虽然只能看到一两例母系谱系，但是关于女子丈夫的记载非常详尽。通过这一点可得知，他们一族与河内、和泉、摄津三国的住人结成了紧密的婚姻关系。这与上述若狭社务谱系图的情况相当类似。

《忽那系图》

另外一张也是可以推断制成于镰仓时代末期的古谱系图。该图是伊予国忽那岛的领主——以海贼身份闻名的忽那氏一族的末裔忽那虎家中传下来的。这张谱系图从天常立尊开始写起，继而进入摄关家藤原氏的谱系，记载了藤原道长之孙隆贤的儿子亲贤的情况：据说他被流放到伊势国江户岛，娶了成坂经远的女儿，成了忽那岛的开发领主。由此，该图便开始记录忽那氏的谱系。不过，到这里为止的记载应被视作传说。

亲贤之后的五代，虽然都是父系的单系谱系图，但到了亲贤五代孙，即在承久之乱中立功的忽那国信的子女一代，谱系图就突然详细起来，记载了国信以后五代子孙的谱系，其中不仅包括男子之后，也包括女子的后代。不过，由于这是一张小规模的系图，五代男女加一起也仅有54个人名，其中女子占9人（17%），比例虽然低，但是从包含了细微的母系记载来看，这也可以说是西国型的谱系图。

松浦党

从九州西北部的五岛列岛到肥前国松浦郡的多岛海海域，在中世成为海上武士团——作为海贼闻名的松浦党——的活动舞台。这个集团以例如山代固、宇久厚、佐志仰那样带单字实名的源氏一族为主要成员。南北朝时代末期，在下松浦数十名领主之间结成的一揆①契约上的署名者，其实名全是这样的一字名。

---

① 日本中世为解决特定问题和达成特定目的而结成的成员间平等的盟誓契约组织。地方国人为军事目的会结为国人一揆。名主百姓为发起年贡减免运动会结为庄家一揆。土民要求幕府免除债务的时候则结为德政一揆、土一揆。一揆的内涵非常丰富，它不仅是一种运动，也体现为一种社会组织结构。现行的不少日汉词典将其简单解释为农民起义是极其错误的。

但是，实际上在这些人之中也有一些二字实名的他姓之人，比如领有五岛之中的中通岛（中世称小值贺岛）的藤原姓青方氏的人。这些人在镰仓时代通过联姻和过继等方式与松浦一族结成了深厚的关系，被这一族接纳后，结果也开始自称本姓源氏，并把实名换成一字名。不仅如此，在松浦一族的各系之间，如宇久氏、佐志氏和有河氏那样，各氏之间也缔结了网眼般密集的姻亲关系。

194 　　而且和若狭国的国人一样，在松浦一族中找不到拥有雄厚实力并构成同族核心的惣领家。当然，事实上其一族分成几个派别，其中也各有具备实力的家族，但这些领地规模差距不大的领主，以姻亲和养子关系为纽带横向团结起来，才是镰仓时代松浦一族的实际状态。私以为，虽然还不能草率地将其断言为母系氏族，但也很难说他们是以父系为主轴的武士团。

另外，能否直接认为这种事例符合西国的普遍情况呢？可供研讨的余地还很大。虽说如此，但若将松浦一族的情况置于背景之中，再回头看刚才列举的若狭、和泉、伊予各地的氏族谱系图，就会发现它们和我们通常看到的父系谱系图有明显差异，这无疑展现了和以惣领为中心的一族结合模式极为不同的武士团模式。

父系谱系图的世界

《大中臣氏略系图》

实际上，东国武士团的古谱系图，和西国的情形存在明显的差异。

最近，在京都府的福知山市发现了一张非常珍贵的古谱系图。福知山市的北郊有一个被群山环绕的狭长山谷，位于其谷口的一个名为瘤木的集落里有一户姓桐村的旧族，这家人被认为自战国时代以来便在当地建宅居住了，其家中多年传承下来一张名为《大中臣氏略系图》的家谱(拙稿「桐村家所蔵〈大中臣氏略系図〉について」、『茨城県史研究』48 号、1982)。

桐村家是祖上曾担任室町幕府"奉公众"[①] 的家族，其谱系图虽然是在西国的丹波被发现的，但实际上是起源于东国常陆的豪族武士团那珂氏和中郡氏的谱系图。稍微大胆一点推测的话，它制作于镰仓时代晚期，或许确切地

195

---

① 室町幕府将军的直辖亲卫队，创始于第三代将军足利义满时代，被编为五个"番"，各设番头管辖。构成奉公众的武士家族有三百余个，其中既有足利一门大名和外样守护的庶系子弟，也有足利氏的谱代世臣，还有地方上的实权国人领主。他们在地方上有很大特权，以牵制逐渐强大的守护大名势力。

说最晚也是南北朝时代，是一份相当珍贵的家谱资料。但是它为什么会从东国流传到西国来？

这张谱系图，首先从天儿屋根尊肇始的藤原氏中的摄关家开始。其中后二条关白藤原师通（1062—1099）的庶子上总介赖继虽然受封在常陆国新治中郡（今天的茨城县西茨城郡一带），但是遭到师通的正室北政所①的嫉恨，将氏名从藤原改为大中臣，自此开启了该族的历史。

我想这些内容恐怕都是传说，但值得注意的是，其叙述模式和上文的《忽那系图》几乎相同。从这一点看，在镰仓、南北朝时代的武士家族中不论出身于东部还是西部，把自己的祖宗和摄关家藤原氏攀亲戚的意向可以说是非常强烈的。据说祖宗是一条天皇摄政藤原兼家的关东豪族八田氏、宇都宫氏、小田氏都是此类例子。②

回来看《大中臣氏略系图》，它从上总介赖继的子孙时开始脱离传说，讲述事实：赖继将常陆中郡让与他的一个儿子赖经，其后赖经便以中郡为苗字，并参加了源义家发动的后三年之役；中郡赖经之子中郡经高在保元之乱中站在源义朝一方，成为源氏的家人。镰仓幕府建立之后，中郡氏自然作为中郡庄（莲华王院领）的地头，成了很

---

① 北政所是关白正妻的尊称。
② 下野宇都宫氏第二代家主宗纲也称八田权守宗纲，宗纲之子八田知家有一子为常陆小田氏初代家主小田知重，故三家同源。

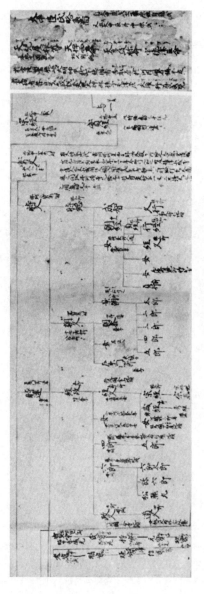

图 21　《大中臣氏略系图》（桐村家藏）

有实力的御家人，中郡经高之孙经元在承久之乱中立功，在出云国也得到了恩赏地。

197　　另外，上总介赖继的另外一个儿子宗经，据说是"在京人"①，从宗经之子实经在保元之乱以后获赐相模国的六浦庄（后划归武藏国）来看，他大概很早就和东国源氏建立关系了。事实上，实经的儿子实久作为赖朝身边强大的御家人，得到了常陆国那珂东郡和那珂西郡的地头职，以及分布在山城、摄津、丹波各地的许多领地。自此，实久开始称那珂氏。据该谱系图记载，他在第二代将军源赖家时期做到了京都守护，并且成了以上三国的守护。

　　关于那珂实久就任京都守护和山城、摄津、丹波三国守护的说法，在其他史料中得不到旁证，但不管怎么说，大抵不必怀疑那珂实久作为以常陆国那珂郡为本领②的豪
198　族御家人，一度拥有涉足幕府政治中枢的权势。另外，实经的另外一个儿子实广还在越后国的三条庄、大概庄乃至出羽国扎下了根。

　　如此一来，虽然说是京中出身，但大中臣这一门明显可谓是典型的东国豪族武士团。这张记录了镰仓时代历史

---

①　常驻京中侍奉朝廷的武士，镰仓时代后主要指代常驻京都负责维持治安的御家人。
②　即从一开始就领有的土地，在中世尤指自开发以来代代相传的领地。

的谱系图，可以被视作东国式的谱系图。

实际上，如第九章谈及的东国的郡地头那样，这时，那珂氏和中郡氏都开始在其领有的郡内诸乡中安插自己的子孙，比如那珂氏就将那珂西郡内的高久崎、青山、佐久山、小坂等各乡分传给子孙，这一动向也能从谱系图上看出来。但是那珂氏在源赖家死后，中郡氏则在贞永年间（1232—1233）分别遭到很大的政治打击，前者除那珂西郡以及其外的若干分散领地外，其余全被没收，后者则丢掉了本领中郡庄。

虽然中郡氏仍在中郡庄中保留了若干领地，但是他们的活动重点后来转向了在出云国内新获得的领地；而那珂氏将残余的本领那珂西郡的各乡分给子孙后，一方面继续在此经营，另一方面也把分散在西国的山城、丹波和志摩诸国的剩余领地分给同族子孙。在此意义上，这两氏依旧没有完全失去作为实力派御家人的地位，但也不复当初之强盛。

尤其是那珂、中郡两氏和镰仓时代中期以降权势熏天的北条氏完全搭不上关系，甚至有被北条氏冷眼相待之嫌。大概是因为这一点，以北条氏为中心编纂的幕府正史《吾妻镜》一书中只能看到这两家极其零星的出场，因此，到发现这张谱系图为止，我们几乎对那珂氏和中郡氏的实情一无所知。

199

　　这一张既长且大的谱系图，正是站在逆境之中的中郡、那珂两氏的族人，为强化一门同族的团结，记载过去的光荣岁月和祖先功业，而在接近镰仓末年的延庆二年（1309）基于各种文书资料编纂而成的，可以认为是自成一系的历史叙事。或许他们也已将此记录提交给幕府了。

　　但是在镰仓末年到南北朝的动乱中，和其他武士团一样，那珂、中郡两氏一门大概也经历了更大的变故。或许因为一门内部产生了分裂，分得西国领地的族人移居到了当地，不得不努力稳固根基。这一门面临着解体的危机。

　　那珂氏中获得丹波国天田郡地头职的那珂经久，以及其子宗经、盛经，也离开东国故土西迁到丹波，这个时候，大中臣氏的谱系图已经制成了若干部，那珂氏的惣领家在每一部谱系图的末尾记下了那珂氏的历史以及全族的所有领地，并将其分发给族人。在经久之后，那珂宗经称金山氏，那珂盛经则称桐村氏，他们的子孙虽然再也无法回到东国，但是谱系图依旧由金山、桐村两家的历代族人妥善保存。如今，该谱系图，以及据说由源赖朝赐给那珂宗久的两面绘有巴纹徽章的旗幡都保存在桐村家。东国氏族的谱系图会流传在西国的丹波，正是有这样的缘由。

　　这幅谱系图中，在中郡经高的世代以后，那珂氏和中郡氏的情况都被记录得非常详尽，在越后获得领地的实广一系则被简略带过。虽然这张谱系图基本上以父系为主，但也会详细记录女子一代以内的情况，而且男子的生母、女子的配偶的注记也十分详细。因此，包括这些姻亲旁注在内的人名共有 258 个，其中女性有 66 人，占比 25.6%，除姻亲旁注外则剩下总共 201 人，其中女性有 44 人，占比 21.9%。

如此一来，镰仓、南北朝时代的古谱系图，相比室町、江户时代的谱系图，从整体上看女性占比都较高，这一点不问东西缘由都非常明确，盖因这一时代女性对领地保有独立的权利。

虽然如此，在这张常陆豪族的谱系图之中，除有一代因为惣领没有男丁而追记了女子下一代的例子之外，即便有女子的记载，也完全不会追溯女子的谱系。这一点显然和以若狭为代表的西国谱系图不同，因此其女性占比较若狭谱系图中的占比更低。

除此之外，无论中郡氏还是那珂氏，其谱系图中都明确显示了惣领家的存在，因此可以认为，主导编纂谱系图的是惣领家，而将谱系图传予金山氏和桐村氏两分家之人也是前面提及的那珂氏惣领——那珂宗久。

从这几点看，这张父系谱系图可以说是很好地表现了以惣领为中心的一门，以及掌握郡地头职的惣领将郡内各乡分割让与子孙的东国武士团的实际情况，并且也明确地体现了和前述以若狭为代表的西国不同的东国特征。

《尊卑分脉》

这种类型的谱系图，其外还可见到两三例。记载于《尊卑分脉》① 中的诸谱系图，虽然关于公家女性会记述其丈夫或其本人作为女房② 等在宫廷中的地位，但众所周知，作为一个整体，它是明确的父系谱系图。特别是其中关于武家的记述，这个倾向就更加显著了，但是第二编收录的《二阶堂氏系图》与一般的武家谱系图相比，注明了丈夫的女性记载就很多，关于人物的生母也有若干记载，是一张类似《大中臣氏略系图》的谱系图。

另外，虽然没有那么明了，但宇多源氏佐佐木氏的谱系图（《尊卑分脉》第三编）、扎根在美浓的纪氏奉政③系谱系图（上揭书第四编）都多少具备同样的特征。特别值得注意的是纪氏奉政系谱系图的别本（『続群書類従』第七编上），虽然只有一脉，但记载了母系。

《伊势尾张氏系图》

收录于《张州杂志》④ 卷三十六的《伊势尾张氏系

---

① 权大纳言洞院公定从永和三年到应永二年（1377—1395）编纂的诸家谱系汇编。
② 平安中期以后对侍奉贵人的侍女的称呼，因有单独房间而称为女房。
③ 纪奉政原名源泰政，是源赖政的兄弟源仲政的四子，过继为纪姓池田氏的养子，故属池田氏谱系。
④ 18 世纪由尾张藩士内藤正参编纂的尾张国地方志。

202

图》，虽系断简，却是制成于永仁三年（1295）五月六日的抄本，极具古谱系图的显著特征。试观此残留部分的男女比例，在110个收录人名中，女子有28人，占25.5%，其女性比例堪比《大中臣氏略系图》。并且，虽然这一史料中只出现了一名女子的名字，但我们依旧不能略过其谱系被追加记述这一点。

如后文会提到的那样，美浓和尾张位于东国和西国的边界，具备中间区域的性质。也许从这张谱系图的形式，就可窥探到这一点。

当然，我丝毫不敢光靠这样一点事例，就主张西国的谱系图全部包含母系，而东国的谱系图只有父系。但是我想，由《若狭国镇守一、二宫祢宜历代系图》和《大中臣氏略系图》所代表的西国和东国的谱系图，果然还是旗帜鲜明地体现了日本东西部相异的社会结构和人际关系。

东西的通婚模式——结合与拒绝

在考虑这些问题时，我们还必须注意婚姻关系，正如前述，在镰仓、南北朝时代制成的古谱系图中，男女夫妻以及母亲的记载非常详尽，自然可以从刚才列举的各谱系图中收集到相当多的婚姻事例。

在若狭一、二宫祢宜谱系图中，能够找出 60 个婚姻例子，其中若狭的国人——御家人、非御家人、祢宜、供僧之间的婚姻有 44 例；加上和他国同等地位者的婚姻的话，就有 47 例，正可以说占了压倒性的比例；再加上和京都人通婚的例子，则达到了 55 例。剩下的 5 例虽然是和地头等级的人的婚姻，但其中两例的女方是关东强大的御家人三浦泰村的孙女和骏河国户木氏出身的女性，一例是成为祢宜一族养女的女性，另一例的女方是安贺乡的一分地头①。最后一例为本乡氏的庶子，他被认为是若狭当地的本领安堵地头，娶了出身于镰仓的女房。

在当时的若狭国，自镰仓时代初期以来若狭（岛津）氏、伊贺氏、殖野氏等东国出身的地头人数众多，尤其是镰仓时代中期以后北条得宗家②做上守护以来，北条氏的被官③大批入驻若狭。从常识来衡量，被这种环境包围的若狭国人，为了和以有权有势的北条氏为首的东国地头攀上关系，大概会用到政治联姻的手段。但是只要看一看这张谱系图，其中只有极少数本地人和东国人结婚的特例，

---

① 地头职在所有者分家过程中经过分割继承后，继承者领有部分地头权益的情形。按照不同情况也有"半分地头""三分二地头"之类的叫法。

② 得宗是对北条氏宗家家主的称呼，一种说法称其源于北条义时的法名德崇。

③ 指下属，平安时代以后和"家人"一样同指家臣，得宗被官也被称为御内人。

若说得极端一点，他们几乎完全拒绝和东国人通婚。

如前文所述，若狭的国人们紧密团结在一起抵抗着东国的地头。另外，事实上得宗被官的横暴举动也让人难以直视。虽然我们必须把这些政治上的反感情绪考虑在内，但在这一显著现象的背后，还是可以看到西国人对和东国人通婚的抵触反应，以及忌讳和脾气相异的人群通婚的一面。

同样的倾向在和泉和田氏的《中家系图》中也可以看到，虽然其中的婚姻例子不多，不能像若狭的谱系图那样明确地查找出来。《中家系图》对于母亲没有注记，我们从中只能得知女子的夫家所在：和泉和田氏的婚姻对象只有同住和泉的横山、大鸟、大和田，以及摄津的郡户、花田、后鸟饲等诸家，他们和东国人通婚的例子一个也没有。这一点在肥前松浦一族中也完全一样。

那么东国的情况怎么样呢？以大中臣氏为例，即便不管他们和摄关家之间关系的传说，他们最初也应是京中之人。不管是清和源氏、桓武平氏还是秀乡系藤原氏，这是东国豪族武士团的共通之处。这种现象被认为是京都贵族末裔在东国的本地化，其中史实和虚构的成分究竟各占几何？虽然我认为随着谱系学的深入研究，这个问题尚有进一步探讨的余地，但在这里，我们还是先以平安时代后期的京都人和东国人的婚姻为前提来考察他们定居东国以后的情况。

首先，在尚且领有本领常陆中郡庄的时期，中郡氏的通婚对象有热田大宫司季范（三河、尾张）、梶原景时（相模）、东条忠干（常陆大掾氏一族）、国井政久（常陆）等。热田大宫司多少算个例外，但他们主要是从以常陆为中心的东国名族那里迎娶女子。那珂氏在这一点上也完全一样，他们结亲的对象是工藤氏（伊豆），多贺谷氏、春日部氏（武藏），三浦氏（相模），宍户氏、吉田氏、东条氏、行方氏（常陆），岩崎氏（陆奥），饭高氏（下总）等东国有实力的御家人，并且也和三善氏、二阶堂氏、矢野氏、伊贺氏等幕府重臣结为姻亲关系。很明显，这也可以说是东国人之间通婚的范例。

值得注意的是他们一族中获封西国地头者的动向。中郡氏在丢失其本领之后，便把活动的重点移到了因在承久之乱中的军功而新获赐的领地（新恩地），之后这一族的通婚对象中同样有非常多在出云国拥有地头职的东国武士，比如领有大东庄和仁和寺庄的千叶神保氏（下总出身），在持田庄、末次保等地拥有地头职的土屋氏（相模出身），领有出云乡、平田保、马木乡的多胡氏（上野出身），以及领有三刀屋乡的诹访部氏（信浓出身），等等。他们和出云国人通婚的确切例子，可以说只有朝山氏和小堺氏等少数事例，而且朝山氏被幕府给予和东国御家人同等的待遇。

那珂氏在后来也是一样，那珂实久之孙那珂经政成了安艺国沼田庄新罗乡的地头，他和沼田庄地头小早川氏（相模出身）结成了密切的姻亲关系，其孙女也成为但马国下贺阳乡地头河越氏（武藏出身）的妻子。当然也不是没有例外，但即便在西国拥有领地之后，东国人和同属东国出身者之间通婚的倾向还是极其强烈，这也从反面证明了之前基于以若狭为代表的西国氏族谱系图认识到的事实。

另外以二阶堂氏为例，他们虽然很明显是自京都迁来关东的，但有必要考虑到其幕府重臣的立场，其姻亲都是小田氏、天野氏、后藤氏、结城氏、小山氏、中条氏、佐竹氏、大须贺氏、伊东氏、安达氏等响当当的关东御家人。而且看小山氏的例子，他们也和中条氏、大江氏、宇都宫氏结为姻亲，我想其他东国武士团的情况也大抵如此。

比较有趣的是尾张、美浓等东国西国之间的中间地带的动向，从前面列举的《伊势尾张氏系图》来看，这一族是在镰仓时代世袭热田神社权宫司的尾张名门，他们一方面和尾张二宫大县社的原氏、在厅官人中岛氏等尾张国御家人结成姻亲，另一方面又和伊达氏，以及做过尾张守护的北条氏一门的名越氏结亲。

207

另外，也能找到尾张国御家人和东国出身的地头之间的婚姻例子，如大屋氏与和田氏、原氏与上总氏、山田氏与小笠原氏。尾张人没有像若狭人那样显示出排斥东国人的姿态。美浓国也是如此，以成为池田郡司的奉政系纪氏为例，一方面他们通婚的对象很多都是揖斐氏、蒲田氏、世保氏、大井氏等美浓国人，另一方面，他们和得宗被官诹访氏、安东氏之间也有婚姻关系，显示了他们紧随北条氏的政治态度。这正是很好地显示了处在东国、西国之间的中部诸国之人的立场。

说到头来，以上论述的不过是大致的倾向，通过对包含地域间海上交通关系在内的各个地域的婚姻关系进行更为详细的考察，一定还会有各种各样细致的问题出现。我们不仅要着眼于冲绳、九州、四国、中国地区，以及北陆、东北、北海道地区，还要把目光投向太平洋、日本海沿岸，跨越大海，把朝鲜半岛、中国大陆、远东滨海地区也纳入视野。我认为，在中世史范畴，这些问题还有相当广阔的探讨余地。

另外，关于公家、武家、寺社中各种家格的模式，地头、御家人、名主、百姓等身份阶层间的问题，以及海民、山民、商业手工业者等非农民和农民的关系等，还有无数问题有待从通婚圈或婚姻关系方面入手解决。事实上，在本章中谈论的日本东部与西部的问题里，地头和御家人之间的阶层问题肯定也多少有一些影响。

不过，就大体而言，我认为在中世的东国人和西国人的婚姻中多少有些抗拒的因素在发挥作用。在第一章里提到过，基于近年统计数据，东西部跨地婚姻比例的明显低下这一现象的背景原因确实可以回溯到中世。

在西国，特别是京都和畿内地区在政治文化上立于压倒性优势地位的古代，这一倾向并不明显，事实上反而呈现出地方上想要引入京都贵族血统的倾向，如同前面提到的东国豪族武士的例子一样。进入中世以后，这样的倾向虽没有完全消失，但也只停留在极其表层的活动上，完全没有触及社会的深层，或至少没有触及"侍"（武士）阶层。

这样一来，不论社会结构还是人际关系，中世的东国与西国之间依然存在相当大的隔阂。这种差异必然影响到政治。事实上，中世的政治史也以东西对立为脉络展开，因此，下一章便以这一"政治力学"为中心，概略地讨论其动向。

十一　东人治东，西人治西

走向东国独立的摸索之路

　　在源赖朝和后白河法皇之间的协定成立之后，伴随着后白河在政治上的反攻倒算，源赖朝节节后退，通过朝廷、寺社和武家之间互相补充的权力重建，除北海道和冲绳地区外，日本列岛上的社会姑且看上去再次恢复了统一。但是日本东西部"体质"相异的社会之中孕育的内发力量，不断地促使权力产生分裂。

　　自二战前以来，能够着眼于这一点并通观镰仓时代以及其后的政治史的学者，就是佐藤进一先生。对于他的学说，我基本没有什么可资补充的看法。因而在此就根据佐藤的见解，试图探索一下对镰仓幕府的前进路线不断施加影响的东国国家独立的动向（「武家政権について」、『国史研究』64・65 号、1976，『足利義満』、平凡社、1980）。

等到建久三年（1192）后白河崩后，源赖朝终于如 211
愿以偿地被朝廷任命为征夷大将军。这确是最符合武家栋
梁的职位，也足以夸耀其东国军事权威的地位。

翌年三月，就如已经等不及后白河的周年忌一样，源
赖朝便动员武士，举行了一次大规模的田猎。赖朝首先在
武藏国的入间野举行了"追鸟狩"，四月后又行猎于下野
国的那须野，经上野而直入骏河，五月于骏河的富士野展
开了一场十日以上的盛大围猎。

在有关狩猎史和狩猎传承的研究领域取得了前无古人
的巨大研究成果的千叶德尔认为，源赖朝的行动和当时各
国国司和守护所举行的，含有国内巡视意义的狩猎、"大
狩"一样，具备巡视统治地域的意义，赖朝正是"作为
统治国家的实际负责人"，为了"向神明占问今后的运势
和（统治者）资格"而举行了狩猎活动（『狩猟伝承研
究』、風間書房、1969）。

虽然我们没法确认预定在上野和信浓举行的狩猎情
况，但正如千叶所述，赖朝在这个时候通过巡视东国诸
国，以及大规模动员东国武士举行围猎的手段，是为了让
武士们体认到他作为东国国家领袖的地位。

而且同千叶指出的一样，赖朝对其子赖家顺利地射获
野鹿表示非常欣喜，对山神所行的矢口祭便是赖家的成人 212

仪式，我们可以将此理解为让东国武士承认赖家具备继承赖朝在东国地位的资格。

根据千叶的推断，这一次围猎，通过以当时偶然发生的曾我兄弟复仇事件为主题的《曾我物语》的流传，以及隶属箱根、走汤山、日光、三岛权现等神社，以讲故事为业的行者的传播，广泛而深刻地刻印在了东国诸人的记忆中，成为猎师传说的背景，这绝非偶然。

实际上，自不必提镰仓鹤冈八幡宫，千叶在此列举的日光、三岛神社等都作为东国的精神中心，乃和幕府——东国国家有深远渊源的圣地。在此阶段，赖朝业已基本完善了东国祭祀体系。

如此一来，征夷大将军是象征着赖朝作为东国领袖地位的官职，但从反面看，这个官职不外乎是由畿内朝廷任命的，以征服"东夷"为其任务。自然，畿内朝廷的权力，就以该职为窗口，以人际关系往来、文化交流等各色形式渗入东国的幕府。这当然会和东国志在独立的动向发生冲突，引发幕府内部的复杂矛盾。

213　　赖朝、赖家频频努力，意欲把赖朝之女送入天皇的后宫，这也是为了解决这个矛盾而进行摸索的表现。一般这被解释为赖朝紧跟朝廷，展现了其如贵族般的志趣。但佐藤进一不取此说，反倒认为赖朝嫁女与天皇家，企图将女儿生下的男孩迎奉到镰仓。确实，既继承了赖朝的血统又

带有最为尊贵的天皇血统——这样的领袖坐镇东国，而且
其地位能够世袭的话，既可以回应期望东国独立的人们的
期待，也可以稳固赖朝自家子孙的地位。佐藤认为这是赖
朝的心愿，更是北条氏的目标。我认为他的看法可谓一语
中的。

图 22　源赖朝墓

　　而且赖朝遗孀北条政子不管其子——第三代将军源实
朝尚且健在，依然想把后鸟羽上皇的皇子迎接到镰仓，对

于她的这个期望，后鸟羽以此举会"将日本国一分为二"为理由予以拒绝。正如佐藤所言，后鸟羽可谓是洞察了镰仓方面的想法。确实如后鸟羽所言，试图在东国建立独立于"日本国"的国家的强烈意念，依旧在镰仓强劲地涌动。

东国的胜利与御成败式目

214　　但是，这一意图最终没有实现，反而是京都的影响力透过源实朝充分渗进了幕府，承久之乱就发生在关东武士对此局面的反感情绪不断高涨的形势之下。佐藤进一指出，在这次动乱的背景中，不单有后鸟羽的政权恢复运动，还广泛存在东国武士阶层的愤懑情绪。虽然关于细节部分的探讨还留待今后，但正如佐藤进一所指出的那样，承久之乱不得不说是继前面提到的源平合战之后的第二次东国、西国全面战争。

实际上，后鸟羽也动员了相当数量的西国守护，有许多西国御家人听随其指挥，所以承久之乱绝非单纯的公家和武家间的战争。且正如众所周知的那样，在北条政子鼓励之下举兵西上的东国大军把西国兵马打得体无完肤，获得巨大胜利。

对于这次动乱的结果，一般以来的历史叙述都强调幕府通过设置六波罗探题①、对没收的大量领地补任新地头等方式将势力大大渗透西国，并且地头对庄园的侵夺行为在此以后也变得越发明目张胆了。正如上文所述，被补任到西国庄园的东国地头的胡作非为引起了西国御家人和平民百姓的强烈反感，这也是事实。

但是，北条义时、泰时父子领导的幕府展现的基本态度是绝不允许地头的此种举动。幕府反倒尊重领家和国司的支配领域，命令地头应该严格遵守既定权限，在战后处理中采取决不宽赦此后逾矩者的态度。

另外，幕府流放了以后鸟羽为首的三上皇之后，也有了干涉皇位继承和操纵朝廷的想法。确实，在后嵯峨天皇即位之际，幕府的意向起到了强烈作用，以此为始，朝廷在皇位继承问题上确实变得需要忖度幕府的意思，并且肯定会受到幕府意见的左右，在战争中获胜的东国幕府确系掌握了政局的主导权，但把这一点影响夸大也是错误的。

倒不如说正如幕府在《御成败式目》第六条的规定"关东不干涉国司、领家的裁决"一样，他们对朝廷及其下的国司、领家对西国的支配采取了"不干涉内政"的

---

①　承久之乱以后幕府在京都设置的派出机构，负责联络朝廷、维持治安、处理西国裁判事务，一般设北方和南方二员，但南方非常设职，下设评定和引付等诉讼审理机构，探题一职由北条氏一族出任。

态度。

在二战前，佐藤进一已经明确指出，幕府掌握着东国土地的"境界裁定权"，即关于边界的纷争尤其是诸国边界纠纷的裁定权，并且是在承久之乱以后就明显确立了这一权力（前揭『鎌倉幕府訴訟制度の研究』）。相反，关于西国的边界纠纷，幕府则严格地将其裁定权委托给朝廷、天皇，即便是西国的有关方面强烈希望由幕府做出裁定，幕府也毫无意愿对此加以干涉。同样，对于皇位继承，幕府的基本态度是"应听从圣断"。

佐藤进一也提及这可谓清晰地体现了幕府在制定《御成败式目》之际的态度。这时，执权北条泰时向作为六波罗探题驻京的弟弟北条重时写了两封书信，谈述了制定式目的旨趣，此信广为人知。其中泰时说明，该式目是为了不懂汉字，只能阅读假名的武家制定的，因此"京都的裁决，律令之规章丝毫不应变更"，并且律令格式虽美，然武士和民间基本无人懂得这些法条，他为了不使这些人陷于困惑而制定式目，并指示重时要以诚实虚心的态度去回应"京中人"的"谤难"。不得不说，这里也清晰地体现了幕府前述的"不干涉内政"方针。

但是，我们也必须从两封书信中看出，在此谦虚态度的背后，潜藏着北条泰时作为对西战争的胜利者毫不动摇的自信，以及身为同西国朝廷对抗的独立的东国国家的掌权者而怀有的强烈紧张感。

泰时在信中声称，这一式目不拘于什么法律上的典据，也有若干和律令格式不同之处，只是将合乎"道理"的地方记录下来，主张确立这些法度只是为了在听讼之际查明案情的"理非"，不论涉案方身份贵贱高下而做出不偏不倚的裁决来。这种自信的底气来自东国国家自赖朝的时代以来，不靠律令来审案断事，而以"弃人心之奸曲，而赏其忠直，自可谋土民之安堵"的作风干出来的实际成绩。在此处，北条泰时正可谓贯彻了"东人治东，西人治西"这一长期不变的政治态度。

正当制定式目之际，幕府的十三名评定众联名签署了一张起请文（誓词）。其中规定幕府评定会议在听政审案、决断理非之际，评定众应当不虑关系亲疏，不择个人好恶，将合乎道理的心里所想之事"不惮傍辈、不恐权门"地讲出来。经过这样的评定而决定的事项，不论对错，评定众全员都要负连带责任。

对这一简洁而充满紧张感的誓词，石母田正做出了"恐怕属于前近代合议政体规范的最高水平"的评价（「解説」、日本思想大系 21『中世政治社会思想』上、岩波書店、1972）。如同笠松宏至"起请文的文字中洋溢的异常紧张感，首先就足以触动人心"（『日本中世法史論』、東京大学出版会、1979）的评述一般，这表现了以北条泰时为核心的幕府中枢极度的紧张感：他们肩负着东国民众对从畿内天皇长年累月的统治中独立的期待，一心想尽可能公正而不受西国朝廷嘲笑地使用既得权力。《御成败式目》的制定，正是东国的人们在其国家形成的过程中自发孕育的最高产物，标志着东国国家的建立。

正因为《御成败式目》拥有这般强劲的生命力，正如笠松所指出的那样，式目与其誓词一道在不久后成了包括西国人在内的人们广泛尊崇的对象，它不仅对公家和寺社予以强烈影响，而且作为教材深入庶民阶层，发挥了普遍的影响力。

两个国家，两座都城

如此一来，武家栋梁"镰仓殿"以日本东部为统治区域，同时将西国的地头置于自己的支配下，将西国御家人囊括于其主从关系之内。将这样的武家栋梁奉为领袖的东国国家就此成立。在除冲绳和北海道以外的日本列岛上，出现了具有制度关联的东西两个国家，以及各自行使统治权的两股权力。

在此前提到的"境界裁定权"之外，东国国家还拥有管制日本东部的交通道路、发放关卡和道路的通行证

"过所"、设置关卡的权限。在东国，对募捐以修造寺社
的"劝进上人"的活动进行保障的也是幕府，另外，出
于相同目的从各家征收"栋别钱"的权限，也由幕府掌
管。这一权力在西国由天皇掌握，系所谓掌握统治权之人
才能行使的权力。

　　不单是这样，和以天皇为顶点的西国朝廷中举行的年
中行事①不同，在东国形成了以将军为顶点的独特的年中
行事体系。在每年正月一日到三日，以有实力的御家人向
将军进奉贺年膳食的椀饭仪式为代表，在鹤冈八幡宫和镰
仓寺院举行的节会，以及将军对伊豆走汤山权现、箱根权
现、三岛神社等关东神社的奉币和参拜，都是东国独特的
仪式。而且由三岛神社所颁行并广泛使用于东国的三岛历
的产生，也和这些仪式体系的成立不无关系。

　　虽然三岛历产生的时间较晚，但这便是时常无法和京
历相对应的东国历法的诞生。过去未能设置历日博士的平
将门的国家终于成长到能够在自己的政府之下设置阴阳家
和天文家，自编历法——我们绝不应该忽视这一事实所具
备的重要意义。

　　即便是这样的"东人治东，西人治西"，但是正如东
国国家在西国设置了地头职一样，西国国家当然也对东国

---

　　①　每年定例的节会仪式。

的庄园和公领保有各种权利，并且如同前述，主要通过将军对东国国家产生影响。

事实上，在东国的诸国中，武藏、相模、骏河、越后在整个镰仓时代都是将军家的知行国，其他的东国诸国也时常会成为将军家的知行国，东国武士就任国司的情况也不少，但东国诸国也有很多是公家贵族的知行国，其知行国主拥有从该国的公领征收年贡的权利，以及向西国朝廷缴纳税物的义务。至于庄园，虽然在东国确实能看到不少"关东御领"①，但贵族和寺社还是在关东庄园的本家和领家中占了压倒性多数。

虽然如此，但不妨说这些庄园和公领的年贡征收全是由幕府任命的地头承包的。比如五摄家之一的近卫家嫡系相传的庄园群，其庄园本所实际主管庄务的事例只见于信浓的四个庄，而信浓国中其他近卫家领，以及相模、甲斐、陆奥、出羽等地的东国庄园几乎全部成了"地头请所"②。即便是公领的情况也完全一样。并且，正如石井进指出的那样，东国诸国的国衙法庭由身为在厅官人的东国强大御家人执牛耳，即便在属于公家贵族的知行国，也要基于幕府法来断案(『日本中世国家史の研究』、岩波書

---

① 将军直属的庄园。

② 庄园领主将庄园管理事务全部委托给当地地头，地头则不管实际收成如何，必须每年缴纳一定数量的年贡给庄园领主。

店、1970）。

另外，虽然如同前文所述，东国国家在其成立之初便使用了和朝廷不同的年号，后来也产生了三岛历那样的独有历法，但东国基本还是使用西国朝廷的年号。而且在承久之乱后，固然幕府建立并完善了如评定众、引付众等独特的职官制度，但是以将军为首，幕府御家人的官位铨叙仍旧由天皇进行，朝廷的位阶和官职大小依旧规制着东国国家内部的序列和秩序，这是不能否定的事实。当然对于官位铨叙，从赖朝时代开始，幕府就大力抑制御家人任意接受官职的行为，规定必要由将军和幕府来向朝廷推举。在承久之乱后掌握了幕府实际权力的北条氏自身也停留在较低的官位上，意图尽可能地减轻朝廷的官位铨叙对东国国家秩序的影响。

因此，只要东国国家能够坚定不移地走自己的道路，西国国家特别是天皇拥有的两大权力①的影响便只会停留在形式上，不会扰乱东国国家的秩序，但是一旦东国国家内部发生了分裂，它们就会实质性地助长混乱。东国国家无法从西国国家完全独立的因素正在于此，我想，尽管现实上存在两个国家，但"日本国"的意识依然存在并延续着的理由和这一点也不无关系。

————————

① 年号制定权和官位任命权。

222　　　与此同时，如石井进强调的那样，东国国家的权力实际上尤为强烈地影响到了西国的九州，这一事实也非常有趣。源赖朝从最开始就试图在九州诸国确立如在东国那样的强力支配，文治元年（1185），赖朝迫使后白河承认了他对大宰府和九州诸国国衙在厅官人的支配权。即便这个权力原本没有他在东国的权力那般直接，还不足以把九州从西国国家中完全分离出去，但作为大宰府的最高负责人派往九州的天野远景及其后任武藤资赖等人确确实实地行使着越过诸国国衙、效力遍及九州诸国全境的特殊指挥权，这肯定大大超过了幕府的一般权力对畿内诸国以及西国所施加的影响（石井前揭书）。

　　前文提及的东国和九州的联结纽带，就以这样的形式固定下来，我们同样可以这般考量西国国家和东北的关系。入间田宣夫指出，源赖朝不仅将东北视为"夷国"，同时也视作"神国"，强调应该尊重藤原秀衡、藤原泰衡的先例——东北国家领袖奥州藤原氏的习惯法。入间田也明确揭示了面对从东国派驻当地的地头，奥羽的寺社以平泉以来的惯例为后盾顽强抵抗的事实（前揭『中世奥羽の世界』）。

223　　　虽然正如入间田所说，不久北条氏就对奥羽地域施加了强有力的控制，但是不得不说，具有反关东"体质"的东北地区和西国国家联手的可能性非常之大。难道西国国家不曾注意到东北人的这一志向吗？到现在为止，通行学说声称镰仓时代的东北被置于北条氏的统一支配之下，我想这一点仍有商榷的余地。比如说，对于之后对抗北条氏被官的安达泰盛，我们绝不可以忽视他官任陆奥守、秋田城介的意义。

这且不谈，由于承久之乱的胜利而得以成立的东国国家，在北条泰时、经时两代后继承其事业的幕府执权北条时赖的时代，其体制愈加完备，最值得注意的是在建长四年（1252），时赖将后嵯峨天皇的皇子宗尊亲王迎立为将军，正如佐藤所指出的，这一举动解决了东国国家建立以来的悬案。后鸟羽所警惕的"日本国一分为二"的事态，在此时成了事实。

相对于西都京都，东国国家的首都镰仓以此为契机得以急速发展。对应京都检非违使厅的地奉行、对应诸保官人的诸保奉行人，以及户主制等都完全对应了京都的都市制度。并且如同要和奈良东大寺的大佛相抗衡一样，幕府也铸造了象征着东国都城镰仓的"镰仓新大佛"。相对于以显密佛法的庄严著称的西都，北条时赖迎来了从南宋渡日的禅僧，在东都逐一建造了带有宋朝风格建筑样式（唐样）的禅宗寺院，在陶瓷器、书籍、医学等方面接受了宋朝的丰富文化。正如石井进所言，这座都城成了和南宋王朝交流的巨大窗口（「中世都市としての鎌倉」、『新

224

編日本中世史研究入門』所収、東京大学出版会、
1981）。东国国家的都城镰仓就这样被北条氏有意识地披
上了宋朝风格文化的庄重外衣。

图 23　镰仓大佛

在此之前，幕府已经在其统治地区施行了朝廷制定的
法令——新制①、制符②，同时也制定了被称为"关东新
制"的独有法令。石母田正由此看出了幕府对属于天皇
225　大权的"法典制定"的意识变化（前揭「解說」、『中世

图24　位列镰仓五山之首的禅寺建长寺，由北条时赖延请宋僧兰溪道隆开山

政治社会思想』上）。弘长元年（1261），幕府发布了以六十一条法令构成的《关东新制》。朝廷在幕府此举两个月后颁布了二十一条新制，而且在两年后的弘长三年（1263），又颁布了比幕府新制条数少的四十一条新制。我们在此可以看到依靠自己意志来制定法律且领先于西国国家的东国国家的政治自信，乃至朝廷追随幕府的态度。

如果就这么发展下去的话，东国国家的体制应当愈加巩固，也许可以一举向着完全独立于西国国家的道路迈进。至少在这个阶段，东国独立的路线确实占据了幕府内部的主流，即便在将来的某个时候会再次被统一，其经过的道路和模式也肯定会和现在我们所知的历史完全不同。

蒙古袭来和日本东西部的关系

但是，一举粉碎这种状况的巨大力量越海而来，逼近了日本列岛。自不必说这便是先后两次发生的"蒙古袭来"。为了应对此压力，东国国家不管愿意与否都不得不首先将支配权扩大到九州，进而扩展到西国全境。

众所周知，幕府掌握了对包括非御家人在内的所有武士的动员权，以及向全国寺社发布异国降伏祈祷的指令权（拙著『蒙古襲来』、小学馆、1974）。除此以外，幕府还接手了西国交通路线的支配权。

恐怕是在文永十二年（同年下半年改元"建治"，1275），幕府下令停止在西国设立新的关卡，免除被称为"河手"的交通税，以及门司、赤间①等各处关卡的交通税"关手"。这当然是为了防备蒙古军的来袭，使得兵马和军需物资的调运更加顺畅，但这条法令不是临时之法，在整个镰仓时代都保持效力，之后幕府也一再重申停

① 赤间即下关。

止设立"文永以后新关"的命令（「大乘院文書」「祇园社記録」）。

　　本来幕府并不是真想要完全夺取西国国家对交通和关所的控制权，但我们可以认为，东国国家在事实上对西国的交通道路行使了支配权。

　　在此趋势中，东国国家的内部也产生了两条政治路线：一条路线的支持者意图更加积极地向西国扩展势力，想要一方面和公家贵族保持关系，另一方面逐渐掌握全国的支配权；另外一条路线的支持者意欲固守"东人治东，西人治西"的东国独立路线。笼统地说，以北条得宗家为核心的北条一族以及其被官属于前者（北条一族中与公家结亲者很多），而东国传统御家人势力属于后者。众所周知，经过霜月骚动①，前者获得了压倒性优势（前揭拙著『蒙古襲来』）。

　　不过，如佐藤进一所指出的那样，北条氏没有打倒西国国家，而是承认其权力，并在此基础上朝西国扩张势

227

---

①　弘安八年（1285）十一月七日发生在镰仓的内乱，也称弘安合战。北条时宗死后，其子北条贞时尚幼。贞时的外祖父、实力派御家人安达泰盛和北条得宗家的家宰"内管领"平赖纲围绕幕政主导权产生激烈对立。赖纲指控泰盛之子安达宗景诈称源氏，企图谋取将军之位，遂调集兵力，在镰仓的巷战中消灭了安达一族。骚乱波及全国，泰盛一派的御家人中多达 500 余人被害。之后镰仓幕府的合议政治名存实亡，彻底进入了北条氏专制政治即所谓"得宗专制"的时代。

力，为此，他们就必须利用天皇的统治权，假其权威行事。结果，东国国家不仅必须负责处理猖獗于西国的恶党①、海贼问题，而且不得不深入干涉皇位继承问题②。

就这样，领导着东国国家的北条氏便自掘坟墓，走上灭亡之路。这姑且不论，通过这样的一个过程，东国国家和西国国家好似进行了新形态的合体，面对外敌蒙古的威胁，尤其以寺院和神社为中心，"日本国""神国"的意识大为高涨。当然这也是一个方面的事实。

但是，村井章介和根本诚、石井正敏两人一道详细研究了高丽三别抄之乱，证明在文永八年（1271）不是高丽国王，而是三别抄抗蒙势力遣使日本朝廷，并送来了寻求联合的牒状。正如他们的研究阐述的那样，说到头来，包括日莲在内，当时日本列岛居民的"日本国"意识终究很难说是基于真正自觉的民族意识。偶然发生的暴风雨将日本列岛上的人们从"蒙古袭来"的危机中解救了，这让西国的人们落下了对一种形体不明，说是叫"莫古利、高古利"（蒙古、高丽）的古怪外敌的恐惧感；而对

———————

① 在幕府法中，"恶党"一词指的是发动夜袭者、强盗、海盗、山贼等重犯行为群体。

② 这里指的是文永九年（1272）后嵯峨院死后，他的两个皇子分别建立的两脉皇统——后深草天皇系（持明院统，北朝）和龟山天皇系（大觉寺统，南朝）间不断发生的继位斗争，两派都积极争取幕府的支持。皇室的这一分裂是之后建武政权成立以及南北朝内乱发生的重要起因之一。

于东国的住民来说，"蒙古袭来"作为遥远世界所发生的事件，几乎没有留下什么痕迹。当然，从这里就不会产生西国民众和东国民众之间真正的融合（村井章介「高麗・三別抄の叛乱と蒙古襲来前夜の日本」（上）・（下）、『歴史評論』383・384 号、1982）。

不过，我们不能否定的是，为了抵御蒙古，在西国（九州、中国、四国）拥有领地的东国御家人中有大量人西迁且定居在其西国领地上，像前面提到的那样，为了应对外敌，幕府也多少清除了一些存在于西国交通要道上的障碍，这也成为促进东西部交流的契机。在下一章中，我就将聚焦于此，对这个问题进行考察。

十二　联结东与西的纽带

东西之间的交流

　　本书到此为止完全聚焦于东国与西国之间的差异，照亮了两者相对立的侧面，这是因为以往的日本史叙事都对这个问题视若无睹。但是反过来看，我们不能忽视日本东西部之间，在中世就是京都和镰仓之间，存在各种各样的交流。

　　这种交流可追溯到弥生文化的传播和大和朝廷的"东国征服"，但就目前讨论的中世的动向来看，从平将门到源赖朝，这些东国武士栋梁或者大豪族都出身于京都的贵族和天皇家。

　　这些自京都而来的人在东国的土地上被东国人同化，于是产生了本书前文所叙述的种种动向，虽然这种与京都、天皇和摄关家等权门的联结纽带具有传说色彩，但像前文提到的大中臣氏的例子那样，其一族在镰仓末年编纂谱系图的时候，依旧清晰地意识到这种出身关系。并且我们必须承认，这是全体镰仓幕府豪族御家人的共同意识。

官僚

在东国国家成立、发展的过程中，京都和镰仓的交流非常活跃。大江广元①和三善康信出身于京都朝廷下级官僚中原氏、三善氏，后因成为镰仓幕府要人而家门繁盛，出身于藤原南家的二阶堂氏也是如此，有关这些事例的详情已经广为人知。

源赖朝借重这些京都下级官僚出身的人所具备的法律知识和统治技术，让他们作为东国国家的实务官僚、文职人员发挥作用。西国的知识教养便通过这些人的言传身教而浸透到东国的人们中去。

不仅如此，作为朝廷主殿寮的官僚，一直世袭年预职②的伴氏一族也长期担任着镰仓的鹤冈八幡宫的神主一职（千村佳代・鸟居和之・中洞尚子「主殿寮年预伴氏

---

① 大江广元曾为明法博士中原广季养子，一度称中原氏。
② 平安中期以来在朝廷的官司部门和寺院中管理事务的职位。主殿寮的年预一般从该寮的判官、主典中选出，负责机构中所有的事务工作。

と小野山供御人」、『年報中世史研究』3 号、1976）；在
著名的乐人家族多氏、狛氏、丰原氏等中，也能看到很多
231　迁居关东者。阴阳师也是一样，以安倍泰贞为始，安倍氏
的诸人也侍奉于将军近前，形成了被称为关东阴阳道的一
股很大的势力。

　　而且在略微往后的时代，如林瑞荣详细分析的那样，
吉田神社的社官卜部氏的一支，以仓栖为苗字，成为北条
氏一族金泽氏的被官，《徒然草》的作者吉田兼好出身于
这个仓栖氏的可能性非常之高。

僧侣

　　僧侣世界的交流当然也可以回溯到遥远的古代，而在
进入镰仓时代后便变得非常活跃了。诸如大江广元外甥亲
严担任了京都东寺长者，而据说是关东住民的东寺长者定
豪则成了源赖朝建造的胜长寿院别当及鹤冈八幡宫社务，
园城寺僧隆辩得到了北条时赖的全盘信赖，如此这般，活
跃于东国的僧侣非常之多。

　　相反，在镰仓时代后期，出身于北条氏一门的高僧中
就有成为东寺长者的赖助（北条经时之子）和显助（金泽
贞显之子），还有成为醍醐寺座主的宽觉（大佛宣时之子）
等，出身于关东，却成为京都大寺院的高僧之人相当之多。

　　不光是旧佛教诸宗的僧侣促进了东西交流，禅宗的荣

西和净土真宗的亲鸾等自不必言，在东西交流中扮演了特别重要角色的还有西大寺流律宗的僧人叡尊和忍性。叡尊应北条时赖之邀前往关东，受到常陆守护小田氏的厚意庇护，以三村山极乐寺为始，在各地建立律宗寺院；忍性则在镰仓建立了极乐寺、悲田院等寺院，其活动也尤为显著。 232

图 25　三村山极乐寺五轮塔（茨城县筑波町）

之前，我因参加编纂茨城县史的调查工作而得到了访问三村山的机会，在现在已经完全化作山林地带的山脉中腹的一块小平地上，我看到了比镰仓的忍性塔更巨大的五轮塔，还眺望到巍然矗立在山顶上的宝箧印塔，感怀到古昔极乐寺的繁荣景象。

职人

如今，我们可以通过这种不会朽坏的石质建筑管窥当时的情况，它们也是由随忍性一道从西国前来的石工们建造的。和我们在箱根山中可以看到的许多石佛一样，这样的职人在日本东西部的交流中起到的作用非常之大。

233

随忍性而来的石工是大藏氏，出身于大和国；而叡尊和唐人①伊行末等伊姓的石工交往很深。在重建治承四年（1180）被平氏烧毁的东大寺和大佛之际，据说在宋人陈和卿的介绍下，伊行末等人东渡前往日本。

这一时代，日本列岛和中国之间不仅有禅僧往来，如荣西和道元的渡宋，以及兰溪道隆和无学祖元的来日，铸物师也从南宋渡海而来，工匠的往来也非常活跃。相传尾张濑户的陶工加藤景正渡海到南宋，将宋朝风格的制陶技术传回日本，这虽然有些传说性质，但很有可能是事实。

当然，这些职人还在日本列岛的各地云游。活动范围最广的是铸物师，通过前述那样的回船航道，他们在从畿内到九州、山阴、北陆的范围内，开展以铁制品和原料铁

---

① 唐人是中近世日本人对外国人的一种泛称，不仅指中国人，朝鲜半岛上的人有时也被这么称呼，江户时代欧洲人被称为"毛唐人"。

为商品的交易活动，等到了镰仓时代，在东国、北陆从事铸造铁器，并最终迁居该地区的铸物师数量不断增加。

在平安时代末期，武藏国已有铸物师藤原守道的活动，他铸造了平泽寺和定光寺等寺院的经筒，其子孙还制作了圣天堂的锡杖和善明寺的铁造阿弥陀佛像。埼玉县立历史资料馆的林宏一查明了以上事实，他推测这些人大概是从河内国附近迁居到关东来的。

另外，也如坪井洋文在其大作《日本的梵钟》（『日本の梵鐘』、角川书店、1970）中详细叙述的那样，以河内、和泉为根据地的铸物师在诸国的活动相当活跃，尤其是在铸造镰仓大佛的时候，丹治和广阶等姓的铸物师来到东国。其中的丹治久友便在武藏、常陆铸造梵钟，广阶一族诸人也在上总和下总定居下来，留下了不少作品。而且在后来成为关东铸造业中心的下野国天命的铸物师，据说就是从河内移居的卜部姓铸物师一族。

这样的例子不遑枚举，值得注意的是铸造镰仓建长寺和圆觉寺钟的物部姓铸物师的活动，这一铸物师群体依然出身于河内国，与北条氏得宗往来密切，成了镰仓具有代表性的铸物师。不过在弘安八年（1285），京都东寺修造其佛塔之际，以物部国光为大工、物部吉光为引头[①]的铸

---

① 这里的"大工"是职人集团"座"的统率者的称呼，"引头"是隶属于大工的中间管理者。

234

物师集团，便上京参与了这一事业。

如前文所述，从铁佛的盛行可以看出东国人有一种独特偏好，从西国移居过来的铸物师们便顺应了这一趋势，当然这也有可能是从西国传入的，因此职人的往来在东西部交流上具有重要的意义。

劝进上人

与此同时，我们不能忽视，在东寺的这一工程中，是劝进上人宪静动员了东国的铸物师。宪静也被称为愿行上人，他在此时前往东国，获得了得宗北条时宗的全面支援，得以推进佛塔的建造。不仅这样，被称为"愿行流"的一脉法灯也开始广泛流布于东国。

像宪静这样的"劝进圣"（劝进上人）与铸物师和石工等职人匠户集团互相联结起来，在修建各地的寺社，以及蓄水池、桥梁、港湾等基础设施上发挥的作用相当之大。之前提到的叡尊、忍性与宪静一样是"劝进上人"，因此我想不仅是石工，忍性也和常陆三村的铸物师有业务往来。

不过，13 世纪后半叶以后，劝进上人不再采取原有的那种云游各地、挨家挨户地上门募捐的"劝进"模式，而是自天皇和幕府处获得特许，在人们频繁往来的关津港湾设置关卡，向往来船只收取通关费，以这种新模式来筹集款项。忍性在镰仓的饭岛设关收取"升米"（通关费）

的事例非常有名，宪静也通过在山城的淀津征收"升米"的做法来推进前述工程。这些事例已经如实地说明了在这一时期恒常性的海陆间交通往来的活跃究竟到了何种程度，这当然是支撑日本东西部交流的根本所在。

236

海上通道

陆奥十三凑

翻看最近考古学的发掘成果可以发现，从 13 世纪后半叶到 14—15 世纪，围绕日本列岛的海路交通远比过往推测的更为活跃。今天人烟稀少的荒凉入海口，以及住户寥寥的寂静渔村，在当时都作为回船航运的起止点，因各种商品的交易和输入而繁荣一时。陆奥国的十三凑就是最显著的例子。

这里是日本海海上交通的重要据点，也是武士团安藤氏①（也称安东氏，参考海保嶺夫「擦文文化の文献史の

---

① 该氏在中世前期称安藤氏，在室町战国以后多称安东氏，自称为安倍贞任后裔，分下国、上国两家。其中下国安藤氏据有位于今青森县五所川原市辖区内的陆奥津轻十三凑；上国安藤氏在出羽秋田郡，后称凑家。安藤氏在镰仓时代臣从于北条氏，被任为"虾夷管领"。15 世纪中叶以后陆奥十三凑的下国安藤氏被南部氏驱逐到虾夷岛（北海道），后来转移到今秋田县能代市内的出羽国桧山地区。战国时代桧山安东爱季在 1570 年统一桧山、凑两安东家，发展为北出羽的战国大名。爱季之子实季改称秋田氏，臣从丰臣秀吉，在德川幕藩体制下成为陆奥三春藩的藩主。

解释」、『物質文化』38 号、1982）的根据地。一方面，他们是镰仓幕府的虾夷管领；另一方面，学者推测其势力范围遍布津轻下北半岛至北海道全境，与被称为"擦纹文化"的独特文化圈重合（参照图 26），之后安藤氏号称"夷千岛王"。今天，在这里出土了数量达好几万枚的宋元古钱币，还有海量的中国陶瓷器，海保岭夫推测这些财货是安藤氏通过独立渠道从远东滨海地区入手的，通过这些文物，我们可以追怀其往昔的繁荣。

238　　　　与此同时，被幕府特许免除交通税，装载着三文鱼等货物的大船——关东御免津轻船二十艘的出发点也被认为位于此地，其中一艘在正和五年（1316）以日本海沿岸越中国的放生津为根据地，并南下前往越前三国凑，此事例非常有名。这条航路沿着日本海向前延伸，抵达了遥远的西面。

若狭海滨

位于若狭国常神半岛的御贺尾浦和常神浦两地，现在是完完全全的荒郊野村，但在 14—15 世纪，这里作为运盐船的根据地和回船运输的起止点，其繁荣程度出乎想象。同样在正和五年前后，常神浦的刀祢①把大船一艘、

---

① 该词有庄官、村中头人等多种含义，这里应指港湾的批发业者或管理职。

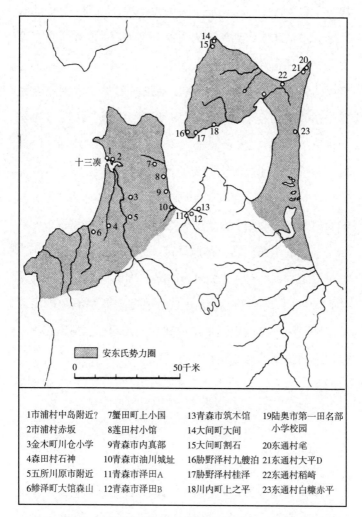

图 26 青森县内的擦纹文化遗址和安藤（安东）氏的势力圈

资料来源：海保嶺夫「擦文文化の文献史的解釈」、『物質文化』38 号、1982。

以下为图中内容：

十三凑

安东氏势力圈

0   50千米

1市浦村中岛附近？   7蟹田町上小国   13青森市筑木馆   19陆奥市第一田名部
2市浦村赤坂   8莲田村小馆   14大间町大间   小学校园
3金木町川仓小学   9青森市内真部   15大间町割石   20东通村毛
4森田村石神   10青森市油川城址   16胁野泽村九艘泊   21东通村大平D
5五所川原市附近   11青森市泽田A   17胁野泽村桂泽   22东通村稻崎
6鰺泽町大馆森山   12青森市泽田B   18川内町上之平   23东通村白糠赤平

钱七十贯、米一百五十石、五间屋一栋、山场一处、木材若干、小袖和服六件、下人男女五名等财产传给他的一个女儿，可见其富裕程度。另外，看一下 16 世纪前后的御贺尾浦刀祢的财产目录，里面不仅有船只、渔网以及武器，还有天目瓷、青花瓷的碗和皿，青皿、白皿（推测为青瓷、白瓷），朱漆点心盘等豪华且式样丰富的什器。这不必说都是通过海上的交通贸易得到的。

在若狭湾的各海滨，如同广为人知的多乌浦和志积浦的船只那样，散居着享有免除各地港湾关卡过路税权利的回船，它们东西活动，其航行范围到达了山阴道出云国的三尾（三保），并经过长门国的岛户等港口通往赤间（下关）和门司，他们的活动一方面把日本海和濑户内海联结起来，另一方面也让日本海和九州西北部的海路连在一起。前面提到的回船铸物师在从灶户、赤间关到岛户、三尾的关卡遭到检查，并对此遭遇提出控诉，这样事例也说明了这一点。

濑户内海

众所周知，濑户内海是船只往来最为频繁的海上交通大动脉。最近，根据介绍濑户内海水运全貌的史料《兵库北关入船纳帐》（林屋辰三郎编『兵庫北関入舩納帳』、中央公論美術出版、1981）的记录，在文安二年（1445）

239

一年间，有大小船只 1903 艘从摄津、播磨、备前、备中、备后、安艺、周防、长门、淡路、赞岐、伊予、阿波、土佐、丰前等国进入这一关口。

且不管东濑户内海如何，就西濑户内海通行的船只而言，只有极小部分通过了这一关口（武藤直「中世の兵庫津と瀬户内海水运」、前揭書所收），再考虑到在大阪湾除兵库以外，还有堺津、尼崎、佐野等许多著名的港口，那么不得不说 15 世纪的内海交通的繁荣发达程度超乎我们的想象。在表 4 的数据上稍打折扣，就可以推想 14 世纪的景象。

黑潮之路

连接濑户内海，以纪伊的诸港口为起点的海上交通，一方面从四国土佐到九州日向，在黑潮①之上向南延伸，另一方面绕过纪伊半岛的南端，经过伊势海通往东国。关于前者，通过康永三年（1344），纪伊冷水浦船只装载的货物遭到萨摩新田八幡宫神官的扣押，以及贞和三年（1347），南朝一方的熊野水军袭击了萨摩等史实，加上土佐的室户岬设置有关卡，熊野神社广泛分布于海边等事例，可见在 14 世纪，从纪伊到九州南部确实存在安定的航路。

242

---

① 日本近海最大的一支洋流，从日本列岛西南部沿南岸向东北部流动的暖流，又称"黑潮暖流""日本暖流"。

表 4　《兵库北关入船纳帐》中按船籍地分类记载的运输货物

船籍地		船数	谷物类	豆、芝麻、栗、盐	海产品	木材	衣料、染料	陶器、杂具	金属、纸
摄津	杭濑	41	大米、红米		黑海带				
	尼崎	94	大麦、红米、大麦	大豆、芝麻、盐					
	兵库	285	大米、红米、谷子、荞麦、大麦、小麦	大豆、红豆、盐、赤盐、芝麻、栗	黑海带、咸鱼、裙带菜、鲻鱼、鳀鱼、海参	板材、松木及其他木材	芝麻、蓼蓝	壶、古壶、茶白、叶编席、砥石、擂钵、杂具	纸
播磨	松江	51	大米、红米	大豆、芝麻、盐					
	网干	62	大米、红米、大麦、小麦	大豆、芝麻	鳀鱼、海参				
	室津	84	大米、大麦、荞麦	大豆、栗	鳀鱼、海参	板材、松木	芝麻	大小壶	
备前	伊部	24	大米、大麦、小麦、荞麦	大豆、芝麻	鳀鱼、海参	板材	芝麻		
	牛窗	133	大米、大麦、小麦、荞麦	大豆、红豆、芝麻、栗	鳀鱼、干鲷、咸鲷、虾、乌贼、海参	柏木及其他木材、板材	芝麻		
	下津井	33	大米、大麦、小麦	豆	鳀鱼、鲍鱼、鱼干				

续表

船籍地		船数	谷物类	豆、芝麻、栗、盐	海产品	木材	衣料、染料	陶器、杂具	金属、纸
备中	连嶋	44	大米、红米、大麦、小麦	大豆、芝麻	咸鲷、蟹、虾	木材	苎麻	菱白叶编席、皮靴	
	鞆	17	大麦、大麦、小麦	豆	鲲鱼、咸鲷、干沙丁鱼			菱白叶编席	
备后	田嶋	19	大米、小麦	豆、盐	干沙丁鱼	板材			
	尾道	61	大米	大豆、红豆、芝麻	沙丁鱼、干沙丁鱼	松木、朴木及其他木材		菱白叶编席、菱白叶粗编席	铁
	中庄	21	大米、红米	芝麻	鲲鱼	木材			
安艺	濑户田	68	大米、小麦	大豆、红豆	沙丁鱼、干沙丁鱼	松			铁
淡路	由良	126	大米	盐、赤盐	蟹	板材	蓼蓝		
	三原	66	大米	大豆、盐		板材			
阿波	平嶋	19		盐	咸鲷	柏木及其他木材、板材			
	海部	54				板材			
	宍喰	20				板材、木材			
土佐	甲浦	26				板材、木材			

续表

船籍地		船数	谷物类	豆、芝麻、栗、盐	海产品	木材	衣料、染料	陶器、杂具	金属、纸
赞岐	引田	21	大米、红米、大麦、小麦	大豆、盐					
	三本松	20	大米		沙丁鱼、鳀鱼	木材			
	峒（小豆岛?）	29	大米、大麦、小麦	盐	鳀鱼	木材			
	平山	19	大米、红米、大麦、小麦、荞麦	大豆、芝麻、盐	咸鲷、干鲷、竹荚鱼				
	宇多津	47	大米、红米、大麦、小麦	大豆、芝麻	沙丁鱼、咸鲷、干鲷	木材			
	盐饱	35	大米、红米、大麦、小麦	大豆、芝麻、盐	干鲷、干沙丁鱼、沙丁鱼				
伊予	弓削嶋	26	大米	大豆	干沙丁鱼				

资料来源：根据今古明制作的表格，选取其中 15 艘船以上的数据，按船籍地和品类列举。

关于后一航道，如前面已经提到的纪伊船"坂东丸"的存在，以及从三河猿投、尾张常滑等地烧制的陶器大量流入濑户内海等事例所见，其历史可以回溯到比前一航路更早的时期，因此在 14 世纪，这一航路肯定更为活跃。说一点题外话，从战国时代末期到江户时代初期，和泉和纪伊的渔民大举迁居到东国，这一现象的历史背景就在于此。

从伊势海到东国

在从伊势海前往东国的航道上也有频繁的船只往来。建治元年（1275），住在镰仓极乐寺的忍性，经海路到达鸟羽，将宋版《大般若经》送到了身在畿内的师父叡尊处。大概因为那是一条非常安定的交通路线，忍性才选择这条路线来运送这样贵重的书籍吧。虽然在文献上可以确定的时间远远迟于西国的回船运输，但在这一阶段，回船已经在从伊势海到东国的航线上来回航行了。

例如，以志摩国阿久志岛为根据地的阿久志藤内道妙，是死后留下了四艘船和千余贯铜钱遗产的富裕武装商人，他在镰仓时代末期派弟弟定愿到骏河的江尻定居，驱使志摩国各地的船头，频频和坂东进行海上交易。建武三年（1336），定愿从道妙处取得一百五十二贯钱，这也很好地说明了骏河和志摩之间有频繁且恒常性的船只往来。

243

众所周知，在北朝历应元年、南朝延元三年（1338），以北畠亲房为核心的南朝军从伊势大凑出发，沿着海路前往东国。但因为遇上暴风雨，船队被吹得七零八落，未能充分达成目的，但不论如何，北畠亲房成功抵达常陆，宗良亲王抵达了远江，各自成为地方上南朝势力的核心。

以往，南朝的这一计划被评价为敢于冒着巨浪暴风的勇敢且大胆的行动，但不得不说，若不以上面提到的安定的海上交通航路的存在为前提，这计划根本无从谈起。事实上，北畠亲房绕过了伊豆、三浦和房总半岛，通过外洋而在常陆的霞浦南面登陆；他也让伊势神宫的神人领兵渡海，其中也有平安归来之人。最能说明问题的是，北畠亲房在几年之后从常陆逃回了吉野，当然也是经由海路全身而退的。

伊豆半岛

伊豆半岛也是这条海上通路的重要据点。走汤山名下有五十艘五堂灯油料船，这些船从赖朝处获得了无碍通过各处关卡港津的自由通行权，文永九年（1272），其中一艘通过了利根川南岸下总的神崎关。虽然这五十艘船未必都只以伊豆为活动根据地，但东国的内河航运和海运交通正明显地变得活跃起来。

霞浦、北浦、利根川

北畠亲房所抵达的常陆霞浦，以及北浦、利根川等地，都和内陆河川的交通航路联系在一起。现在位于霞浦的南面，夹小野川河口相望的信太古渡口和河内古渡口的附近留有一个地名叫"镰仓河岸"，传说源赖朝、北条政子夫妻为参拜鹿岛神宫而于此登岸。在埼玉县的北葛饰郡、东京都葛饰区，以及东京的神田也都有"镰仓""镰仓河岸"等地名，将这些事例综合起来考虑，可以推想存在一条经过流入东京湾的古利根川等河川通道而一路通往镰仓的"水上镰仓道"。

实际上在南北朝时代，在行德、猿俣、户崎等地就设有关卡，这充分说明了南关东的内河交通也相当繁荣。

驶往东北的航路

上述海上通道沿着太平洋海岸北上，大概到达了东北以及北海道一带。石井进注意到日莲在其遗文中写到他乘坐大船，不仅从镰仓渡海到筑紫（北九州），还到过陆奥和"夷岛"，石井指出这不是单纯的比方，恐怕说明在镰仓时代后期，这条通往东北的航道已经安定下来了。

根据大三轮龙彦的研究，刚才提到的陆奥十三凑出土了和金泽称名寺所藏的酒会壶形状相类的壶，这恐怕也是

245

图 27　古渡口"镰仓河岸"（今茨城县稻敷郡江户崎町）

通过这条海上通道运输过去的。

　　如此看来，在镰仓时代，日本列岛已被海上通路环绕。今后如果考古学发掘有进展的话，其实际情况应该会更加鲜明地呈现出来。这正是中世连接日本东西部最大的交通要道，不仅有各色物资流通，前面提到的铸物师和石工等职人、劝进上人也经由这些通道云游四海。并且大量的信息情报也通过海路传播到日本列岛全境，海上通道不仅将东国和西国连接起来，如同濑户内海地域、日本海沿海地域，以及通过黑潮联结起来的太平洋沿海地域那样，通过海上通道联系的独特地域也在形成之中。不论怎样，毫无疑问的是，日本列岛的各地都因这些通道而明显地拉近了彼此间的距离。

246

陆路和山道

交通线路本来就不限于海洋，东海道陆路也把东西的首都——京都和镰仓连接起来，其交通之繁盛能到何等地步，从《海道记》《东关纪行》等纪行文学成为一种文学体裁这一点上就可以明确看到。并且不光是东海道这样的大道，竹本重丰详细地研究了备中国新见庄当地的地名，弄清了贯通山脉中腹、被称为"横路"的像网眼一样密集并四通八达的小道将各地联系在一起的情况（「新見荘の地名について」、『岡山県史研究』2 号、1980）。

大道的节点上有驿宿，傀儡师、游女等人活动于此；在港口和渡口也有行船活动的游女的据点。这些人通过其艺能表演活动，在信息传递上起到了很大作用。

另外，我们也不能忽视修行者、辘轳师①、狩猎民等行走的山道和山口。户田芳实在一篇题为《边走边学历史》（「歩いて学ぶ歴史」、前揭『日本史研究入門』所收）的论稿中，运用自己亲自靠一双腿走遍奥飞驒、加贺白山、熊野山路的经历，强调山路交通的重要性。穿着

247

---

① 也称"木地屋"，是用辘轳和旋盘来制作碗、瓢、盆等木器的木匠。

柿色衣服的山伏①，正是最大限度利用山路的信息传递者。

如果不考虑山伏的活动，就很难理解以下事例。如镰仓末年，潜入奈良吉野的护良亲王能够一边和被流放到隐岐岛的父皇后醍醐取得联络，一边向诸国武士下达倒幕起兵的亲王令旨；而意图进攻镰仓的新田义贞也能迅速获知京都六波罗探题灭亡的情报。

东国武士移居西国

以如此发达的交通为前提，正如河合正治、新城常三等人的研究揭示的那样，东国武士也开始了西迁。不用说，其动机不乏诸如在东国的开发遇到了瓶颈，或是本领遭到没收等。像前文举出的史料《大中臣氏略系图》中所见的中郡氏的例子一样，他们在常陆的本领中郡庄被没收后，就把活动中心转移到了出云国的新恩地。

不过，正如濑野精一郎所指出的那样，伴随着"蒙古袭来"，实边西隅以巩固国防的必要性也增强了，这一趋势必然决定性地促进了东国武士西迁的动向。文永八年

248

---

① 修验道的行者，以山野灵峰为其修道场所。替人加持祈祷，分发符咒，或作为向导带领信者参拜灵山神岳。

（1271），幕府命令在镇西（九州）拥有领地的东国御家人迅速前往九州领地，以防备蒙古来袭，并镇压领内的"恶党"。

接下来在文永十一年（1274），幕府对在安艺、石见，以及山阴、山阳、南海三道拥有地头职的东国御家人下达了前往西国领地的命令。在建治二年（1276），以及稍晚的正应五年（1292），幕府也下达了同样的命令。相当多的东国御家人听从这一命令而移居西国。

只是如同前文所述，这些来到西国的东国御家人也没有立即被当地人同化，他们在短时间之内只喜好和东国人通婚的倾向是非常明确的，另外，他们和东国根据地之间的联系也绝没有被切断。

另外，如前文详述的那样，大中臣氏的其中一支，即那珂氏一族的那珂经久以及其二子宗经和盛经，至镰仓时代末期移居到了新恩地丹波国金山乡，这个时候，他们随身带上了那张《大中臣氏略系图》，而且这张谱系图在经久的记载栏左侧留有相当宽的余白部分，可以推测这是为了把经久流金山氏其后的谱系补写进去而预留的空白，而事实上，在此之后宗经和盛经各自的父系谱系就在战国时代末期被补进了这个部分，他们到很久很久以后一直都意识到自己是关东那珂氏的一族，并牢记与其一门的关系。这样的家族意识可以说在相当程度上适用于所有西迁的东国御家人。

249

各地域的对立和联合——东国、
九州与西国、东北

这样看来，东国人和西国人相互间的不适感，虽说不会轻易消除，但也随着岁月流逝而渐渐淡薄，至少就武士来说，13世纪后半叶以降，东西交流明显愈加活跃了。

有趣的是，和东国社会"体质"类似，在政治上也与东国关系深厚的九州与西国其他地域相比，和东国人之间的不适感相对较小。在承久之乱之际，因战功得到摄津国吉井新庄赏赐的上总国御家人深堀氏，就声称摄津当地的"沙汰人"①和百姓不肯服从自己，因此该领地不得安稳，于是向幕府请求替换领地，在建长二年（1250）得到了筑后国的甘木村和深浦村，并在建长七年（1255）受封肥前国的户町浦。结果，深堀氏就前往肥前户町浦，并在那里定居下来。虽然尚不清楚类似的情况有多少，但这可以说是显示了东国人对九州的亲近感的一个明显例子。

实际上在南北朝的动乱时代，九州和东国的结合就相

---

① 下级庄官。

当显著，相反西国和东北联系起来与之对抗的动态也变得明显了。虽然院政时期已有这个倾向，但它们之间肯定是通过上面提到的太平洋和日本海的海上交通才能够互相联系起来的。我们必须注意，交通的活跃，以及各种形式的东西交流活动，不仅没有让日本列岛各地域朝着融合发展，反倒是让地域之间的对立和联合变得越发鲜明了。

这不光是日本列岛之内的问题，如同在前文提到的禅僧、石工、铸物师、陶工等问题上可以看到的那样，海上交通的发达，使得中国、朝鲜半岛与日本列岛之间的交流明显地活跃起来。只要看看最近在全国各地陆续不断被发现的大量产自中国的陶瓷器，就可以明白日本和中国的交流是何等活跃且具有规律性的。人员的交流也非常频繁，我曾在别处谈及在镰仓时代后期，唐人集团一边从事药材和木梳的交易，一边游遍日本列岛。文永八年（1271），唐人商贩甚至也出现在了京都朝廷近侧（见『吉続記』文永八年二月二十四日条），其中在日本结婚成家者也不在少数。

东亚中的日本列岛

日本列岛和朝鲜半岛的关系本也十分密切。古来在《今昔物语》中，就可读到镇西人为做生意渡海到新罗而

251

遇见老虎的故事。文治元年（1185），对马守源亲光为躲避平氏的攻击而逃到高丽，因打虎而受到高丽国王的褒奖（『吾妻镜』），诸如此类的各种交流，肯定要比成文的记录更加频繁。

周防的庄园、公领单位有一种特征，就是其中可以看到很多类似牟礼令、仁井令、矢田令等带有"令"字的单位。一般以为这是"领"字的省略写法，但是考虑到高丽的地方官被称作"守令"，也许这受到了来自朝鲜半岛的影响。我们可以推想，山阴和北陆地区与朝鲜半岛之间很可能进行着在表面上看不到的地下交流。

在序言中提及的田中健夫《倭寇——海上历史》一书中，田中指出了被称为"进奉船"的萨摩、筑前、对马船只时常出现在高丽这一事实，虽然记录中没有体现，但当然也会有相当数量的人员从高丽渡来日本。也有发生摩擦并演变成武力冲突的事例：贞应二年（1223），倭船袭击金州；嘉禄二年（1226），高丽侵入对马，又和松浦党在巨济岛交战；贞永元年（1232），肥前国镜社的住民袭击高丽；等等。这些事件被记载了下来，我们应该从这种异常事态的背景中反推其间日常性交流的存在。

实际上，"蒙古袭来"这件事本身也必须以中国、朝鲜半岛和日本列岛之间恒常化的交流为前提。弘安四年（1281）的元军携带了锄头、铁锹及其他日常用具，预定作为屯田军来支配征服地。如果蒙古人没有把握在成功征服后隔海维持征服地的话，就绝不会制订这样的计划。并且，正是因为原本就存在恒常性的通交，在"蒙古袭来"之后，越过海洋的贸易反倒比以前更为沃跃了。上文村井章介指出的有关高丽三别抄叛军寻求和日本的朝廷、幕府联合抗蒙的事实也是一样，如果没有恒常性的交流为背景，这样的想法本就不会产生。

253

如同前述，在"蒙古袭来"后，尤其是通过寺社方面进行的广泛宣传，"日本国"意识和"神国"意识确实比过去更强了，把以朝鲜为代表的，包括冲绳、北海道等列岛外居民当成夷狄加以蔑视的看法，与这些观念一起多少渗透到了社会上。不过，这些观念和真正的"日本民族"的意识还是有很大区别的。

如果要和寻求联日抗蒙的三别抄叛军的"朝鲜民族"意识相比较的话，日本的民族意识肯定是远未成熟的。与持续抗击蒙古的高丽相比，日本因暴风雨而幸免于难的"运气"反倒产生了上述效果。最终到四十年前，日本人还一直抱着期待"神风"一刮就能改变命运的愚蠢观念，其"民族意识"不知何等浅薄，如果我们不彻底思索这一问题，大概就不得不永远背负起最近被中国和东南亚的人们所批评的那种"不知羞耻的民族"的骂名了。

　　事实上，正如方才所见那样，日本列岛在进入 14 世纪之后发生了所谓"南北朝"的动乱，其中日本东西部的地域对立一方面进一步发展为东国、九州与西国、东北那样的对立，另一方面如同中国及朝鲜半岛与冲绳、九州、西国、北陆的交流，远东滨海地区和北海道、东北的交流那样，列岛内的各地域和周边地区产生了新的关系。

　　下一章，我就来概括性地谈一下这方面的情况。

十三　东国与九州，西国与东北

飞砾和骑马武士

元弘三年（1333），镰仓幕府宣告灭亡。但是，这绝非东国国家本身的灭亡，倒不如说是幕府内想要积极地把支配范围延伸到西国的势力——北条氏一门的崩溃。因此，这一时期的内乱没有呈现出东西对决的模式，而是西国兵马和东国军以畿内乃至西国为战场交战，进而东国军发生内乱，镰仓幕府因此倒台。

在这里值得注意的是，首先呼应了主导倒幕的后醍醐天皇的西国兵马的性质。众所周知，那些是被称为恶党和海贼，成为幕府禁遏和镇压对象的人。

关于 14 世纪初的播磨国恶党，《峰相记》描述，他们"貌若异类异形，异于人类，穿柿色单衣，戴六方笠，

255

256

不着乌帽子与裙裤，不以面目示人……挎着柄与鞘都光溜溜的太刀，光有些竹枪、撮棒，没有一点大铠、腹卷等堪用的兵具"；但二三十年后，恶党们就发展到了"骑良马列队，陆续跟来五十一百骑……兵具镶金嵌银，大铠、腹卷光耀照人"的地步，并"搭设箭楼，使用滚木，投掷飞砾"，大大地逞起威风来。

播磨国恶党身穿山伏和非人所穿的柿色单衣，头戴斗笠，还脸蒙白布，这样的外观打扮正是"异形"——非世间之人的姿态，通过这些装扮，他们确保自身不为俗缘所拘，能够自由行动（勝俣鎮夫、岩波新書『一揆』、1982。拙稿「蓑笠と柿帷——一揆の衣裳—」、is 総特集『色』ポーラ文化研究所、1982）。在这里值得注意的是使用"撮棒"和飞砾等武器的恶党们的"兵法"。

"撮棒"在民俗上被称为"斋田棒""采振棒"，这种长棒被推测象征着阳具，一方面作为立在边界上的塞①棒使用，另一方面也是和长刀等相通的武器，发展出棒手和棒术等武艺。另外，飞砾即投石，也被称为"印地打"，它作为具有破邪驱魔之力的技艺，含有深厚的民俗底蕴，一方面产生了"三丁砾的纪平次大夫"（『保元物语』）那样的投石名手，另一方面如"掷石砾的印地、

① "塞"用片假名写作サエ，意为塞神，即道祖神，乃镇护行路安全的神明。

毫无用处的青皮无赖、乞食法师等"（『平家物語』），
"河原印地模样的一帮恶党"（『渋柿』）等文字描述那
样，也被作为恶党风格的武器使用，后发展出"印地
兵法"。

图 28　印地打

资料来源：田中家藏《年中行事绘卷》。

实际上，被后醍醐天皇视如股肱的楠木正成在保卫千
早城的时候，就运用飞砾和滚木作战；在《太平记》中，
状如山贼，能够轻松挥动"八尺有余的八角狼牙棒"的
武士也在多处登场。另外，建武政权崩溃后的南朝军，也
在越前金崎城、大和河内城的战斗中投掷过飞砾。当然，
并不是说这些人全部都站在南朝一边，不过裹头的僧兵所

258

使用的长刀，也可以说是同一系统的武器（中沢厚『つぶて』、法政大学出版局、1982）。

　　当然，东国也不是没有飞砾，大抵也有"撮棒"。不过以弥生时代的石弹为其源流之一，和弓矢存在同态竞争的飞砾（八幡一郎编『弾談義』、六興出版社、1982），比起自绳文时代以来弓矢就显著发达的东国，看上去更在西国作为武器得到了发展。实际上，《吾妻镜》记录，文永三年（1266）四月二十一日，在镰仓比企谷的山麓中有数十"甲乙人"① 投掷飞砾，并对此评曰："关东未有此事。"由于"撮棒"和长刀的特技之一便是用于打击骑兵的马腿，故在以"弓马之道"为主的东国军中不怎么得到运用。

　　到了战国时代，东国的战国大名也使用过飞砾投石，但是在南北朝时代前后，"撮棒"和飞砾等还只是西国式的武器。这样看来，南北朝的动乱可以说是以骑马武士为核心的东国兵马和使棒投石的西国战士的冲突为开端的。并且，楠木正成将"野伏"② 集团化地驱策起来，并使用这种战法滋扰东国军，至少也没吃到败仗。而在近江的番

① 意为不特定的人群，在中世泛称无名的"凡下"，即一般民众。如镰仓幕府的法律书《沙汰未练书》中就称"所谓甲乙人，凡下百姓等事也"。该词多见于镰仓时代末期和南北朝时代。

② 指在地武士、百姓、强盗等民兵。

场岭将想要逃亡东国的上皇、天皇和六波罗探题的兵马逼到绝境的人马，也是野伏。

之后从隐岐迎回后醍醐天皇的名和长年，就与伯耆国稻积庄内天皇家的御厨有关系，赤松圆心的诸子中就有人被推断为摄津国长洲御厨的沙汰人。这样看来，站在后醍醐天皇一方的武士中很多和海民有关：濑户内海的忽那氏，河野一族的土居氏和得能氏，前述出现在萨摩的熊野水军，以及把北畠亲房送到常陆的伊势、志摩的回船运输业者，等等。可以说，南朝正因得到海贼的支持才得以维系其命脉。当然东国也有海贼，室町时代东国的海贼便出现在史料上，但海贼的主场还是西国。

东国、足利尊氏、九州
与西国、后醍醐、东北

虽然这些恶党、海贼通过游击活动使幕府军头痛不已，起到很大的作用，但对打倒镰仓幕府起到决定性作用的依然还是足利尊氏、新田义贞等东国正规军本身发起的叛乱。光就这点来看，后醍醐的建武新政府从一开始就受到复杂的地域因素的影响。

就如佐藤进一在其名著《南北朝的动乱》（『南北朝の動乱』日本の歴史 9、中央公論社、1965）中出色阐明

260　的那样，尊氏的儿子义诠坐镇幕府灭亡后的镰仓，在新政府成立后不久，足利尊氏就身兼武藏的国司和守护，得到了镇守府将军的称号，他继承东国国家的态度是非常明显的。

为了和足利尊氏对抗，北畠亲房制定了拥戴后醍醐天皇的皇子义良亲王，在东北建立奥州小幕府的构想。后醍醐采纳了他的策略，任命北畠亲房之子显家为陆奥守，和义良一道前往奥州。足利尊氏也将计就计，让被任命为相模守的弟弟足利直义奉戴后醍醐的另一个皇子成良亲王前往镰仓，于是在此出现了统辖关东十国的镰仓小幕府。不只这样，尊氏在建武元年（1334）后掌握了对九州诸国的军事指挥权。后醍醐天皇命萨摩守护岛津贞久负责有关镇西警备中日向和萨摩两国防卫事宜，其纶旨是由足利尊氏予以"施行"①的，这当然是因为尊氏掌握了统辖九州警备事务的权力（拙稿「建武新政府における足利尊氏」、『年報中世史研究』3 号、1976）。

面对代表西国与京都，企图联合东北来牵制东国与镰

---

① 这里的"施行"指的是后醍醐天皇在下旨后，足利尊氏再对命令对象国守护发给名为"施行状"的文书，以确保旨意执行。这种做法沿袭了镰仓时代幕府对六波罗探题、镇西探题管辖下的西国下达命令时，由六波罗探题、镇西探题对命令对象国守护发给"六波罗施行状""镇西施行状"以保证命令贯彻落实的惯例。从这一逻辑上来看，在九州施行后醍醐纶旨的足利尊氏，自然掌握了九州的军事指挥权。

仓的后醍醐天皇，足利尊氏则意欲通过将九州置于其指挥之下而与之对决。可以说这里最鲜明地呈现了"东国-九州"VS"西国-东北"这一在平安时代末期已经确实可见的政治力学所描绘出来的构图，并且，四大地域的这种对抗和联合关系，在建武政府崩溃之际开始全方位地运作起来。

佐藤进一对中先代之乱①时足利直义的行动的评价如下。足利直义来到三河并逗留于此，把成良亲王送还京都，而下定了自立于东国的决心。为了援助直义，尊氏东下并进入镰仓。东国国家虽然在此重生，但是为了夹击东国，奥州的北畠显家率军南下，新田义贞也挥师东下。接着，足利尊氏、直义的兵马追击战败西走的新田义贞，而北畠显家所部也尾随足利军。在东海道，三支兵力以万计的大兵团相继西上，足利尊氏和直义一度攻入京中。但是足利兄弟遭到了追击而来的北畠显家与登上比叡山的后醍醐军的夹击，只能放弃京都，走海路前往九州，在那里迅速重整旗鼓，然后海陆并进，再一次剑指京都，后击败楠木正成和新田义贞，控制了京都。

这一场从东北到九州规模宏大的进军，在日本史上十

---

① 指镰仓北条氏末代得宗北条高时的遗子北条时行在建武二年（1335）起兵夺取镰仓的事件。其时在镰仓的足利直义抵挡不住北条军的进攻，带着建武政权任命的镰仓府最高领导人成良亲王向西逃跑。

分罕见，这正是前述地域之间的联合与对立关系的全面铺展。各地武士东奔西走，在日本列岛上马不停蹄到处驱驰。自不必说，这当然是以前章提到的交通发达为前提的，这场战乱也绝不仅仅停留在一时的兵马调动上，而且带来了各种各样的社会影响。

足利直义与足利尊氏、高师直的对立

由于足利兄弟再次进京并创建室町幕府，后醍醐天皇转进吉野，于是出现了南朝，内乱由此迎来了新局面。围绕幕府应该设置于何处，幕府首脑之间很快就产生了路线对立。笠松宏至分析了展示新幕府基本政策纲领的《建武式目》的制定过程，推定足利直义的主张是应该照旧在镰仓设置幕府，而高师直寻求把曾经支持过后醍醐的畿内周围的恶党型武士组织起来，在京都开设幕府，《建武式目》制定的背景便是足利直义和高师直之间围绕政治路线的尖锐对立（前揭『日本中世法史論』第二章之二）。这确系非常精准的推论，后来爆发的"观应扰乱"，在此时已埋下了伏笔。

如同前文所说，足利直义意图在三河以东建立独立的东国国家，拒绝后醍醐的回京命令，顽固地留在镰仓——他正是过往东国独立路线的正统继承人。当然，由于局势已经明显地比镰仓时代更为错综复杂，以及南朝等各种重要因素的影响，也有一些地方不能轻易地图式化处理，但基本上足利直义是以回归北条义时、泰时时代的政治为理想的，事实上很多东国的豪族武士也是直义一派。

263

对此，高师直站在尊氏执事①的立场上，将畿内及其周围的小型武士团——前面所谓的西国兵马——收编为将军直属部下。但是西国武士也不会全部跟随师直，如佐藤进一所说：惣领跟随直义，庶子跟随师直；足利一族跟随直义，足利家谱代家臣跟随师直；官僚派跟随直义，武将派跟随师直。② 由于这样的派系划分，西国也有直义的党羽，而东国也有师直的派系，但几乎可以断言，师直的政治志向可以说是西国式的，更应该说是畿内近国式的。

冈见正雄推测足利尊氏的出生地是丹波的上杉③，并认为其起兵的最初举动——在丹波筱村八幡宫的举事与尊氏同丹波的亲近感有关（冈见正雄校注『太平記 二』、角川文庫、1982、398—401 頁）。尊氏以高师直为执事，并亲之任之，乃至和足利直义发生对立，也许就和足利尊氏这种由西国孕育的"体质"有所关联。

---

① 足利将军家辅佐职初称执事，在第二代将军足利义诠时代发展为管领制度。
② 作者对"观应扰乱"中的阵营分析引用的是佐藤进一旧说中比较笼统的划分，但据近来龟田俊和的实证研究，实际上诸大名和武士的站队随着政局变换流动性很强，并没有按照身份立场分得如此泾渭分明（参见龟田俊和『観応の擾乱』、中公新書、2017）。
③ 此地系尊氏母族上杉氏的根据地。

总而言之，在足利直义与足利尊氏、高师直的对立之中爆发的"观应扰乱"的根底里，东西对立产生的强烈作用是难以否定的。实际上，直义最后正是逃出京都，进入镰仓，在关东与其兄尊氏的兵马交战，战败被杀。[①]

各个地域的出现——中国与四国

264　　不过，刚才虽然说到高师直的倾向是畿内近国式的，但我们必须注意到，其实到了这个时候，在西国之中，"中国"这一地域首次作为一个地域单位正式出现。我认为在"蒙古袭来"之时设置长门探题多少就是以此为前提的，贞和五年（1349），足利直义的养子足利直冬作为管辖山阴、山阳两道的中国探题，前往备后国的鞆赴任。

这是直义为了制约该地师直派而采取的措施，相反，为了压制直冬的势力，细川赖之在延文元年（1356）被任命为中国管领。位于九州和畿内近国中间的地域——"中国"的地域意识，可谓在此得以成形。

关于四国，过去有后白河法皇曾经任命源义经为九州地头、源行家为四国地头的先例，而细川赖之在贞治二年

---

① 这里的"被杀"指的是所谓足利直义被其兄毒杀的传统说法，仅见于军记物语《太平记》中，没有其他可信史料旁证，现在龟田俊和、山田彻等学者对此持谨慎态度。

（1363）被解除中国管领一职后，掌握了四国地区的四个
国的守护职，而被称为"四国管领"。

如此一来，在除九州之外的西国中，我们也可以明显
地看到若干广域地区被进一步分解出来的倾向（小川信
『足利一門守護発展史の研究』、吉川弘文館、1980）。

而且在九州，被从中国地区逐出的足利直冬一边呼应足
利直义，不奉京都的观应年号，而独立使用贞和六年、七年
的纪年。此时九州岛上形成三足鼎立之势：除了足利直冬之
外，还有实力虚弱却号为镇西大将军的尊氏方九州探题一色
范氏，以及南朝征西大将军怀良亲王。其中，特别是南九州
的势力由此开始脱离京都幕府的统制而走上自己的道路①。

除东北以外的东国，如东海、北陆等地域也可以看到
同样的动向，结果在进入战国时代以后，这些地域都各自
涌现出被石母田正定义为国家的自有权力，该现象的前提
正逐渐被构建出来。

山民与海民

另一方面，如前所述，南朝势力依山傍海坚持抵抗，并

---

① 萨摩岛津氏在南北朝动乱后期由于不满九州探题今川了俊的专横而
一度脱离幕府阵营，作者此言或指其间岛津氏久私自向明朝遣使进
贡等事例。

且以山海为舞台而谋生的人们也构筑了和以上地域完全不同的另一世界。其中关于山民和南朝的关系，已经在前文论述进入吉野的护良亲王驱使修验道行者——山伏时有所提及，在进入南朝阶段以后，这种关系大概也多少延续了下来。

而且，和北畠亲房一起从伊势的大凑出海并在远江登陆的宗良亲王的活动，恐怕也和山地居民有很深的关系。众所周知，分布在各地的长庆天皇墓和木地屋①之间具有关联，恐怕也有必要采取相同视角做进一步研究。关于居住在构成日本列岛脊梁的山岳地带的人们的生活，以及其中形成的独特地域的情况几乎还不明了。

关于海民，本书提到他们已经形成了以海和湖为媒介的世界，他们在湖上的活动当然也十分显著。东国的"海夫"们在霞浦、北浦、利根川的水边设立根据地，由香取神宫、鹿岛神宫保障其特权。到了室町、战国时代，他们已经以这些湖川地带为基础，形成了在往后被称为"霞浦四十八津""北浦四十四津"的联合组织。

另外，在靠近畿内的琵琶湖，以隶属下鸭神社神人系统的"职人"型海民的根据地为代表，湖边广泛出现了船木、菅浦、海津、盐津、大津、矶等小都市群，以坚田为盟主形成一种都市联合的时机正在日渐成熟。

---

① 即前述"辘轳师"。

图 29　菅浦

日本海沿岸地域与"倭寇"

如上这般海民的自发秩序，在前面提及的濑户内海地域、太平洋沿海地域等地都在逐渐产生，但我们必须特别注意的是，南北朝时代以降，包含日本列岛、朝鲜半岛以及远东滨海地区在内的环日本海沿海地域的问题。

所谓的"倭寇"自 14 世纪以来，在从朝鲜半岛到中国江南地区的范围内频繁活动，众所周知，这些人事实上是北九州、对马、壹岐到濑户内海海域的海贼。佐藤进一推测其背后大概有九州南朝军——怀良亲王的军事活动（前揭『南北朝の動乱』）。

内乱已经无法被压制在日本列岛之内，而且值得注意的是，渡海到朝鲜的"倭寇"结为规模数百艘的船队，

268　登陆后化为马队深入内地，不仅掠夺米谷等粮食和人口，事实上还和从事艺能或者制作皮革、柳器的，被称为才人、禾尺的高丽"贱民"展开共同行动（前揭田中健夫『倭寇』）。不得不说，如果不考虑朝鲜半岛和日本列岛的海民之间存在不见于文字记录的密切日常交流的话，我们就难以理解为何怀良亲王等九州的军事势力能产生这样的主意并将其活动扩展到朝鲜半岛。

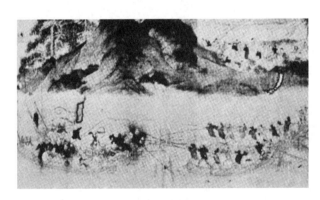

图 30　倭寇

资料来源：东京大学史料编纂所藏《倭寇图卷》。

　　经过九州探题今川了俊的怀柔，以及取代了今川的大内义弘与新兴的李氏朝鲜王朝进行的交涉，这些倭寇活动得以平息，但其原因应该是日朝之间日常性的贸易和交易活动已经走上了新的轨道。事实上，大内氏就相信自家祖

269　宗出身于百济，对朝鲜相当亲近，着力推动对朝贸易。

应永六年（1399），大内义弘向朝鲜国王提出了调查其世系由来的请求，并请国王赐给其祖上有因缘的土地，这绝非为了扩大领土和进行侵略，而是表现了其对朝的亲近感，因此佐藤进一指出，在这个时候已经下定决心要推翻幕府的义弘，也许是为了在万一失败的时候托庇于朝鲜而做准备，我认为这是一语中的的推论。就这样，以大内氏为首的西国，特别是北九州、濑户内海、山阴、北陆的海边住民对于朝鲜半岛的亲近感，在整个室町时代都在扩散且增幅。

如同序章提及的那样，高桥公明继承中村荣孝和田中健夫的研究，注意到在应仁之乱发生后，对于出现在朝鲜的祥瑞"观音现象"，日本有人派遣了庆贺使，从西海、山阴、山阳、南海到北陆诸道，从畿内到信浓善光寺，使者数量多达八十人，如果日本人没有把朝鲜视为"大国"的话，这一现象就令人没法理解（前揭高桥论稿）。实际上如高桥所言，在日本西部还有很多像信重那样的人，他是博多商人，却在文明三年（1471）成了琉球国王的使节，同时又臣从于朝鲜①。

不仅是朝鲜，应永十五年（1408）在若狭的小浜，有一艘来自巴厘巴板，由名为"亚烈进卿"②的"帝王"　270

---

① 随着学界研究的进展，高桥这一论断已经被证明是错误的。这一时期的各种庆贺使多为对马宗氏和博多商人假借各种身份派遣的伪使。

② 亚烈进卿被认为是曾被明朝任命为旧港宣慰使的华侨首领施进卿。

所派遣的"南蕃船"靠了岸，向日本国王①献上了"生象一匹（黑）、山马一只、孔雀二对、鹦鹉二对，其外各色"等礼物。这艘船因为被大风吹到了"中凑浜"上搁浅而破损，于是到翌年为止停留了大概一年，据说在新造了船只以后"出浜"并"渡唐"而去。应永十九年（1412），也有两艘"南蕃船"抵达小浜，在当地停留了两个月后出航（『若狭国今富名领主次第』）。

就这样，小浜呈现出一种国际港口的面貌，前文所列举的《若狭国镇守一、二宫祢宜历代系图》里的第十七代祢宜牟久义文的亡年被用明朝年号记成了"建文二年庚辰七月九日"（建文二年＝应永七年，1400）。虽其理由不明，但如果说日本海沿岸有人与中国关系深厚，以至于使用明朝年号，也很自然。

而且，高桥公明还注意到在文明十四年（1482），有号为"夷千岛王遐义"②的人物向朝鲜国王派遣使节，献

---

① 原文如此，事实上这艘船是在当年 6 月靠岸的，而已被明朝册封为日本国王的足利义满 5 月已经去世，而足利义持虽有将军位，但并未受过明朝册封，事实上足利义持到最后也没有接受明朝册封。

② "夷千岛王"的记录见于朝鲜王朝《成宗实录》。但关于王的名字，太白山本里记为"遐叉"，另外"遐叉""遐义"等名字也散见于各处；而作为太白山本原本的鼎足山本里则统一记为"遐义"。网野善彦按照字形，采用"遐义"的王名。另外，根据长节子等学者的考据，当时朝鲜王朝用"义"的字形表"叉"的意思，故以字意来说，王名应为"遐叉"。

上了绫锦、海草、海带等贡物，并请朝鲜颁赐《大藏经》等事实。关于所谓位于日本之"东"，西以"野老浦"邻接朝鲜的"夷千岛"之地，高桥认为野老浦或许和被朝方称为"野人"的北方部族有所关联，推测"夷千岛"和欧亚大陆远东滨海地区有所交流（前揭『年報中世史研究』6 号所載論稿）。

　　另外海保岭夫承续高桥的观点，认为形成于 8 世纪后半叶的擦纹文化的文化圈和前面提及的安藤（安东）氏的支配圈互相重合，而号称"津轻十三凑日之本将军"，并重建了若狭的羽贺寺的安藤氏正为此"夷千岛王"的真身。海保依据数量巨大的北宋钱和舶来陶瓷器等考古发掘成果，基于其文化和京都、镰仓也具有联系并受到内亚和北亚文化影响的事实，推断他们和欧亚大陆有独自的通商关系（前揭「擦文文化の文献史的解釈」）。欧亚大陆的北方诸民族和北海道人之间的关系之密切程度已经超越了我们的常识。①

　　今后我们仍需以这样的视角不断深化研究，这些事实不仅明确揭示了日本海沿海地域和欧亚大陆、朝鲜半岛的密切关联，还能说明在室町时代，天皇乃至室町公方——

271

---

①　关于"夷千岛王"的真实身份，高桥公明后来又以安东氏的存在为前提，提出了伪使说，长节子也认为"夷千岛王"实际上是以对马岛人为主体的伪使。

"日本国王"对日本列岛的居民来说都绝非唯一的权威，包括欧亚大陆和朝鲜半岛上的各种权威在内，所有这些政治权威在相当程度上都是相对性的存在。此处受篇幅所限，无法深入讨论这个问题，但在 15 世纪中叶统一了国家的琉球国王，其自身也是一个权威，以辐射东南亚诸国、中国大陆、日本列岛的无比广大的交易圈为背景，琉球诸岛已经形成了一个独立的地域。

东西的联结和对立

272　　在上述多样化的地域动向之中，日本本州岛内的东西对立就变得不那么鲜明了。

　　而且在南北朝内乱时期，武士阶层的迁移和移居相当频繁，其中加强了分国支配的守护属下的被官、家人的迁移现象尤为显著。当然，像前面提到的大中臣姓那珂氏一族的金山氏那样，移居到自己的分领并在那里扎根的武士数量大大增加。不仅如此，比如说，在"观应扰乱"中，上杉宪显成了足利直义一方的信浓国大将，出身于北美浓的土岐原氏和信浓国小县郡的臼田氏就作为其被官出仕于上杉氏，南北朝时代末期他们都获赐了上杉宪显的属领常陆国信太庄中的领地，终而定居在那里了。

　　另外，足利氏的同族、幕府重臣一色氏在内乱初期担任过镇西探题，在南北朝时代末期被补任为若狭、丹后、三河守护，以及尾张国知多郡、海东郡的分郡守护。伴随着一色氏守护任国的转变，被认为出身于九州丰前的一色家臣延永氏也获封丹后和尾张知多郡的领地，本住于若狭青乡的青氏一族中也有迁居丹后者。

武田氏的情况也是一样。武田氏被推断从镰仓时代末期以来一直担任甲斐国守护，在镰仓时代中期和南北朝时代以后，又身兼安艺国的守护，到了室町时代中期还取代一色氏成了若狭国守护，于是原籍在甲斐国逸见乡的逸见氏现身于安艺和若狭，相反在安艺成为武田氏被官的山县氏、粟屋氏，以及从武藏迁移到安艺的熊谷氏同族也出现在若狭，山县氏在甲斐也有活动。

关于甲斐的网野氏也可以作如是观。虽然我自己的家族在江户时代都是百姓，完全没有做过武士的证据，但在众所周知的永禄六年（1563）的惠林寺领检地账中，可以看到有以网野为姓氏的人名。

另外，在若狭国太良庄的日枝神社的梵钟铭文中，出现了庆长十七年（1612）的"时之御奉加　网野卜玄入道"的人名。将这个事实和位于丹后的网野乡结合起来考虑，可以推断作为一色家臣的丹后网野氏里有人迁到了若狭，在一色氏没落以后又成了武田氏的被官，然后其中有一脉迁移到了甲斐。

　　这里且不做展开，以上所见守护家臣一级武士的迁移在日本东西部都非常频繁。另外，纪伊熊野的铃木党在诸国扩散分布的事例也很有名，包括海路移动在内的人员交流，肯定使东西联结得越发紧密。

274　　虽说如此，但实际上经过南北朝内乱，在进入室町时代中期以后，守护分国横跨东西且能长期保有守护职的大名，差不多只有刚才列举的一色氏、武田氏等少数例子而已。在守护大名级领主的分布中，相对于上杉、千叶、佐竹、今川等东国诸氏，在西国则有山阴的山名氏、中国的大内氏、四国的细川氏、九州的大友氏和岛津氏，这样看来倒不如说他们的守护分国在东还是在西十分分明，并各自集中为广域性区域的倾向更为显著了（佐藤進一『室町幕府守護制度の研究』上、東京大学出版会、1967。小川信前掲書）。

　　通过南北朝的动乱，百姓们拥有土地的权利得到巩固，并且发展出强大稳固的村落结合。为了支配出现如此变化的百姓阶层，武士们不得不移居到当地，并在领地上建造城郭据点，或以大名为中心集结起来，或互相结为一揆，以各种形态加强相互间的联系纽带，构建更为牢固的组织性体制。前面提到的大中臣氏一族金山氏移住到丹波，正是这样一个范例。

　　从南北朝到室町时代，如佐佐木道誉将常陆国信太庄下条换成近江国马渊庄北方，镰仓圆觉寺将尾张国的富田庄替换为上总国的堀代、上乡、大崎三个乡等事例一样，领主们意图替换分散的领地，把领地集中到邻近的地域，这和移居到领地的行为在根本目的上是完全相同的。事实上，东国领主在西国的领地，西国领主在东国的领地在这个时期几乎都陷于不知行①的状态。

275

这样一来，尽管出现了刚才列举的各个地域，并且也存在人员的交流，但不得不说东国与西国的界限，以及统治东北及关东的镰仓公方②的支配领域与统治除九州之外的四国、中国、畿内周边地带的室町公方的支配领域之间的边界，反而愈加分明了。如伊藤喜良所指出的那样，人们开始明确地意识到骏河、信浓、越后等国成为"国堺"之国——东国国家和西国国家之间的边境区域（「室町期の国家と東国」、歴史学研究会編『世界史における地域と民衆』、1979所収）。

并且在室町时代中期，东西两个国家一直处于可谓宿命一般的紧张对立关系。前面提及的"东国-九州"对"西国-东北"的政治力学依旧发挥着作用，即便由于九

---

① 无法实效支配。

② 足利尊氏在京都开幕之际，原本是由其嫡子足利义诠坐镇镰仓统辖东国；足利义诠在"观应扰乱"中作为幕府将军继承者前往京都后，改由尊氏的第四子足利基氏坐镇镰仓，负责统辖东国，其机构称为镰仓府，基氏为初代镰仓公方，其子孙世袭该职。

州作为一个整体来说欠缺统合性，因而这种作用不如南北朝时代那样明显。

应永六年（1399），以北九州和中国西部为根据地的大内义弘，和第三代镰仓公方足利满兼互相呼应，对室町公方足利义满发动了叛乱，此事件正是上述政治力学的体现。另外这一年，足利满兼为制御奥州，派出了筱川公方足利满直和稻村公方足利满贞，室町幕府为应对这种事态，任命了奥州的实力派大崎满持为奥州探题，而且后来还拉拢了筱川公方，以牵制第四代镰仓公方足利持氏。这也可谓是同样的事例（伊藤喜良「国人の連合と角逐的時代」、前掲『中世奥羽の世界』所収）。

结果，这一东西部的对立化为足利持氏和室町公方足利义教的决定性冲突，即永享十年（1438）的永享之乱爆发。在此之前，镰仓府不奉永享年号，在关东使用正长三年（永享二年，1430）等纪年，由此可见足利持氏对足利义教怀有强烈的对抗意识。但这一次东国、西国战争，以东国方足利持氏的惨败而告终，但东国国家本身并未就此灭亡。

译者附识：在本节中出现的"公方"一词有各种含义，它虽然在平安时代末期的公文书中作为朝廷、官方的代称出现，但自镰仓时代中末期开始代指将军，在南北朝时代，南朝势力也将南朝天皇称为公方。本书作者推测其缘由可能是当时北条氏得宗与其家臣"得宗御内人"之"私"的专制增强，以安达泰盛为代表的御家人势力开始有意识地把将军称为"公方"（见平凡社《世界大百科事典》中由网野撰写的"公方"词条）。在室町战国时代，该词不仅代指足利将军本人，而且足利幕府的关东统辖机构镰仓府的最高负责人及其派出机构的长官（本书中出现的镰仓公方及其附属的筱川公方、稻村公方等），以及出于各种因素在地方上分派自立的将军家、镰仓公方家一族都被称为公方（比如战国时代前后出现的古河公方、堀越公方、小弓公方、阿波公方等）。另外在有关庄园关系的古文书中，如"公方年贡"等用例一样，"公方"也代指庄园本所领主。自镰仓时代后期以来，由于"地头请"（地头承包庄园经营）和"下地中分"（为解决土地纠纷，地头和庄园领主分割庄园土地）等做法盛行，土地的多重领有形式逐渐消除，庄园和公领的土地单位被庄园本所领主或地头排他性一元化支配的情况开始普遍起来，对此类被称为"一圆地"的土地实现了排他性领有的领主，不管寺社、贵族还是武士，都被视为公方，战国大名被称为"公方"一般也属于这种情况。"公方"一词在进入江户时代后才开始专指将军。由于作者在本书中表现了强烈的东国本位意识，为保持其风格，译者不将室町公方转译成室町将军，以体现作者的意图。

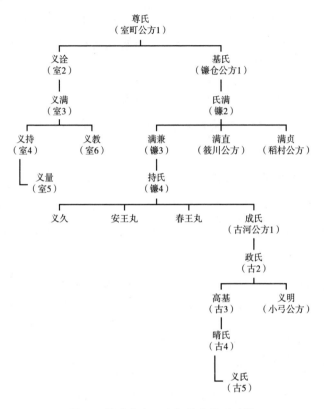

图 31 镰仓公方、古河公方谱系略览

资料来源：基于杉山一弥编集『図说鎌仓府　構造・権力・合戦』（戎光祥出版、2019），由本书译者绘制。

说明：此图只列出书中重点提及的人名，其中"室町公方1"代表第一代室町公方，"室2"则为第二代室町公方，其余以此类推。

十四　东国文化与西国文化

东国国家与日光

在永享之乱（永享十年，1438）后，镰仓公方足利
持氏的遗子安王丸和春王丸逃进了下野国日光山的显释
坊。虽然日光山作为东国的圣地，是一处很好的避难所，
但除此之外，这个事实很好地说明了镰仓公方（代表着
东国国家）与日光难分难解的紧密关系。实际上，这一
时期的日光也与持氏一样使用过正长三年（1430）这一
东国独有的纪年，而东国国家和日光的关系如前文略有提
及的那样，可以追溯到遥远的源赖朝甚至是其父源义朝的
时代。义朝正因营建了日光山的神社才做上了下野守。

继义朝之后，建立了东国国家的赖朝不仅向日光山寄进
了许多领地，还让自己的表兄弟——热田大宫司藤原范忠的

儿子宽传（观缠）——就任日光山的别当职，在国家体制中给予日光山重要的位置。日光山别当在其后还身兼镰仓鹤冈八幡宫的供僧，从执权北条时赖的时代开始还兼任由赖朝建立的镰仓大御堂胜长寿院的别当，并在镰仓的犬悬谷营建本坊，镰仓与日光之间结成了不可分割的关系。

战国时代的文书中提到日光山被"仰为关左［关东］日枝山"，这是把日光山尊为东国的比叡山①。事实上，日光的别当自镰仓时代开始被称为座主，将军九条赖经的儿子源惠在担任日光座主后成为天台座主。其后，将军之子中很多被任命为日光座主，比如将军惟康亲王的儿子仁澄、圣惠，镰仓幕府末代将军守邦亲王的儿子守惠，乃至南北朝时代以降镰仓公方足利氏满的儿子满守等。这可以被认为是与天皇、室町公方之子成为天台座主的惯例相抗衡的举措。不得不说，日光山为东国国家增添了庄重感，是名副其实的重要精神权威（『日光市史』上卷、1979）。

永享四年（1432），藏于日光常行堂的源赖朝和源实朝的遗物水晶念珠突然丢失，对此，镰仓公方足利持氏下令严加搜查，此事和当时镰仓府和室町公方严峻的对抗绝不会毫无关联，对于自赖朝以来的东国国家之主来说，必须高度重视和日光的关系。

---

① 比叡山在《古事记》中被记为"日枝山"，两者在日语中读音相同。

图32　从今市方面眺望日光群山的景象

元号和叙位任官

　　方才提到的逃到日光的安王丸和春王丸，虽然由于结城合战的战败而被害，但他们的弟弟足利成氏在宝德元年（1449）成了第五代镰仓公方，重兴了镰仓府，并在享德三年（1454）诛杀了关东管领上杉宪忠，同室町公方决裂。在西国的应仁之乱之前，东国以这场享德之乱为契机，率先进入战国的动乱。

　　在这场动乱中，移镇下总国古河的足利成氏虽然在之后被称为古河公方，但有意识地继承东国国家的足利成氏

280　和日光的关系相当紧密。此时，成氏不承认京都的改元，长期坚持使用享德年号，后来开始使用延德、福德等异年号，日光的官方记录也使用延德、福德年号（浅沼德久「室町時代における日光山の私年号使用」、『古文书研究』12 号、1978）。

　　另外，千千和到指出，宽正二年（1461）十一月，有称改元延德①的消息传到了鹤冈八幡宫，日光自不必言，连香取神宫等神社也使用了延德二年的年号，他推测在东国广泛可见的板碑也可能大量使用了延德年号，并认为在东国有独立的改元信息传播途径（「金石文からみた中世の東国」、前揭『世界史における地域と民衆』所收）。这当然说明有别于天皇下诏的改元，东国的某个地方自行改了年号。福德改元的情况大体也是一样的。

　　前面提到，镰仓时代的东国国家未能干涉制定年号和叙位任官。到现代也是一样，年号和叙勋乃天皇制的重要支柱。如果承认这一推论的话，那么在这一时期的改元问题上，即便是短时间内，东国也完全脱离了天皇的影响。而且我们必须注意到，日光在其中起到了某种作用。

　　关于叙位任官，原本东国各地域所见的官职名、位阶

281　名，究竟和天皇有多少关系，我想今后有必要进行更为深

---

① 　该年京都不曾改元。

入的研究。这且不提，虽然日光山在此后由于支持战国时代的东国国家后北条氏而一度衰微，但在东国江户建立幕府的德川家康，在遗言中嘱托要将自己供奉在日光山，天皇也要向那里派遣和伊势例币使同等规格的日光例币使，由此可见日光东照宫被给予了和伊势神宫相当的重要位置，这显然不是什么偶然或一时心血来潮之举。

而到江户时代末期，伴随朝廷与幕府之间矛盾加深，朝廷降低了日光例币使的规格，这也象征性地说明了这一关系。

祭祀、年中行事的体系

不仅是日光，东国国家在此之前也已经构建出一套完备的祭祀和年中行事体系。正如佐藤博信详细阐明的那样，《殿中以下年中行事》细致规定了从镰仓府的年中行事到书札礼①的各项事宜（『群書類従』第二十二辑、武家部所收），也被称为《成氏年中行事》《镰仓年中行事》，被推测是在 15 世纪初公方足利满兼、持氏的时代制定的。它依据的是镰仓幕府以来的传统，乃东国国家独特的年中行事——"礼仪体系"的集大成。

282

①　书信礼仪格式。

后来，足利成氏在享德三年（1454），即他以重兴镰仓府——东国国家为目标诛讨了上杉宪忠的这一年，在《殿中以下年中行事》中增加了新的部分，从而使其成为现存的形式。佐藤博信指出，从足利成氏将镰仓府同室町公方对抗最为尖锐的持氏时代的礼仪惯例视作"嘉例"来看，成氏的意图是非常明显的（「〈殿中以下年中行事〉に関する一考察」、『民衆史研究』10号、1971）。

花押的东与西

足利直义　　足利尊氏　　足利义满　　足利义辉

足利基氏　　足利持氏　　　　足利义氏

图33　足利氏将军与镰仓、古河公方的花押

镰仓公方这种和京都对抗的志向，从其花押也能窥知一二。佐藤进一一方面依据佐藤博信的研究成果，另一方面注意到从初代镰仓公方足利基氏以来的历代镰仓公方，除第二代足利氏满的某一时期以及满兼和持氏的例外，其他全部是采取将天地二线①中的地线朝水平方向拉伸开去的花押样式，他指出这和室町公方的花押明显不同，这种做法起源于镰仓府事实上的开祖，即坚持东国独立路线的足利直义的花押样式。

佐藤进一认为，满兼和持氏的花押式样成为例外本身就"有政治理由"，必须考虑到这两位镰仓公方和室町公方的尖锐对立关系。尤其是末代镰仓（古河）公方足利义氏，他最初使用传统型花押，却在永禄七年（1564）为向镰仓鹤冈八幡宫祈求自己能够回归镰仓、关东八州②获得"静谧"③而写的祈愿文中，采用了模仿当时的室町公方足利义辉所用花押样式的新花押。佐藤进一将这解读为"足利义氏意在和足利将军的比较中找到自己的位置，表明了义氏明确的政治意志"（「日本花押史の一節」、『名古屋大学日本史論集』下卷、吉川弘文館、1976）。

283

"关东八州国家"和后北条氏

不过，在此时足利义氏完全以后北条氏的实力为后

---

① 花押的顶画称为天，底画称为地。
② 即关东八国：相模、武藏、上总、下总、安房、上野、下野、常陆。
③ 宁静平稳，也指世上太平无事。

盾，不得不说后北条氏才是东国国家的正统继承者。佐藤博信认为在享德之乱后，支配北关东的古河公方与控制南关东的关东管领上杉氏两方虽然对立，但也一起维持着东国可谓"公方-管领体制"的自有政治体制，将上杉氏驱逐到越后而称霸南关东的后北条氏，起初对自己的定位便是奉戴"关东之将军"古河公方的关东管领。

佐藤博信指出，后北条氏从伊势氏到北条氏的改姓，不外乎是将自己比拟为过往东国国家的实权者镰仓执权北条氏，并以就任关东管领（相当于执权与副将军地位）为前提的行动。而志在南下的越后上杉谦信和甲斐的武田氏，也在推戴古河公方的"公方-管领体制"的框架中展开行动。后来，后北条氏在永禄十二年（1569）将古河公方足利义氏定为自家的"御家门方"①，并扬弃了这一体制，行使了通货发行权（颁布撰钱令②）、市场开设权（开设六斋市③）、狩猎权（设立"立野""立林"④ ）等国家高位权力——统治权。后北条氏乃东国国家——"关东八州国家"在事实上的统治者。

---

① 御家门意指一门亲族中的尊贵者，足利义氏的生母芳春院是后北条氏第二代家主北条氏纲之女，所以对当时的后北条氏家督、第四代家主北条氏政来说义氏是其姑父。
② 规定了流通贸易中良劣货币比例的法令。
③ 每月开设六次的市场。
④ 禁止农民使用供田猎专用的原野、林场。

　　和其他诸大名不同，后北条氏并不怎么亲近京都的朝廷和幕府，也志不在进京，其独立的政治姿势便源于这一点。①

图 34　后北条氏五代的居城相模小田原城

天守建于江户时代，现为复原的建筑。

　　后北条氏即使处于织田信长的支配之下，仍继续固守这一体制，但最终还是在丰臣秀吉的征服战争中败亡，德川家康作为新的继承者而现身（佐藤博信「戦国期にお　285

① 作者此说在今天看来值得商榷，后来的研究基本确定后北条氏家祖伊势宗瑞（北条早云）本身便出身于幕府政所执事伊势氏一族，他们和京都朝廷和幕府的关系和来往，可参考山口博『北条氏五代と小田原城』（吉川弘文館、2018）的概要介绍。

ける東国国家論の一視点」、前揭『世界史における地域
と民衆』所收)。从这一点来看,不得不说不久后由家康
建立的江户幕府依然继承了东国国家的传统。

不过,虽说是东国国家,实际上后北条氏的政权是一
个"关东八州国家"。但即便在关东八国之内,佐竹氏、小
山氏、结城氏、里见氏等传统的豪族依然保有独立立场。
并且如众所周知的那样,在广义的东国之中,越后的上杉
氏,东北的伊达氏,甲斐的武田氏,领有骏河、远江、三
河三国的今川氏等强大的战国大名各据一方。虽然说他们
如之前提到的那样,依然处在古河公方权威的影响下,但
享德之乱后的东国名副其实地处于群雄割据的状态。

印判和书状的样式

但非常有趣的是,即便在政治上四分五裂的这一时
期,日本东部的大名之间也有文化上的共性。相田二郎先
生在首次为日本的古文书学作为一门独立学科建立体系的
同时,也深切关注地域社会的历史,在日本东部诸战国大
名的文书样式方面,他指出了几个重要的特征。

286 首先是使用印判(印章)。在日本国内,第一次在通
常的文书上使用印判的大名是骏河的今川氏,在此之后,
后北条氏、里见氏、武田氏、上杉氏、伊达氏等前面列举

的诸大名开始在告示和传马手形①等公文中频繁使用盖有印判的所谓"印判状"。晚至织田信长和丰臣秀吉开始威震近畿地区以后，此风气才延及日本的西部大名（相田二郎著作集 2『戦国大名の印章』名著出版、1976。『日本の古文書』上、岩波书店、1949）。

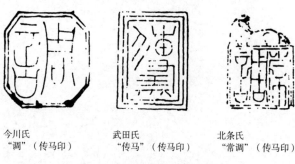

今川氏　　　　　　　武田氏　　　　　　北条氏
"调"（传马印）　　"传马"（传马印）　　"常调"（传马印）

图 35　东部战国大名的印判

书札样文书——书信的样式、料纸、折叠法、封式等在东部的武将间也有通行的独特方式。首先，信纸大多使用纵向长而横向短的竖切纸。其次，在信件的正文落款之后，另行添补进去的内容称为"追而书"，一般是写在右端的余白中比正文略微靠下的地方，如果余白不够，会自左向右写到正文的行间；但在东国，如果一封信没有追而书，会在右端写上"端书无之候""端书无之"的字句，

288

---

①　大名征调或私人租用宿驿中驿传马匹的许可证。

而如果有追而书，那这部分会写在左端的余白中发信人落款、日期等部分的上边，从这里一直写到收信人姓名的上方的情况非常多见。而西国的书信就没有这种例子。

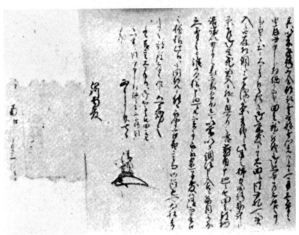

图 36　东部战国大名的书信

　　"横内折"式书信，这是陆奥三春城主田村清显写给同国领主白河结城氏的书信与其封纸。

　　资料来源：东京大学史料编纂所藏《结城白川文书》。

　　而且，此类东国书信的信纸折叠方式被称为"横内折"式，首先将竖切纸沿着中间的一条或两条折线向内横折，折成横向细长条，又竖着反复折叠，折叠成小小的长方形。然后或是把这样叠好的书信用信封纸包上，或是在信纸本身上封口，使用了这种折法的书信会通过独特的方式来上封。

　　前一种方式是，用信封纸包住信纸之后，就将包好的信封的上下端各折叠一下，用带子系好翻折部分，在背面系有带子的翻折部分加上封口。后一种方式是，把信纸沿中间两条折线向内侧横折，再将其竖着在中间对折后，向左端朝里侧细细地一步步折进去，最后在左端卷边上写上收寄人后加封。

　　相田二郎举出使用这种"横内折"式的地区有奥羽、关东八国、甲斐、信浓、越后、骏河、远江、三河等日本东部地域，以及和越后上杉氏有关系的飞驒、越中、越前等地，而在日本西部，只在九州的一角——肥前可以例外地看到这种封式的存在。相田指出，"大体上西国的文书都会认真遵循旧来的礼法，而东国的礼法则与之相反，采用新样式的倾向很强。虽然与旧来的样式相比可以说这是新的样式，但反过来，也可以认为，这是浸润古礼不深所致。我想正因浸润之浅，从中则易产生新的样式"。相田明确地意识到了东国和西国文化形式的差异，

289

得出了准确的结论（「古文書料紙の横ノ内折とその封式とについて」、前揭相田二郎著作集 1『日本古文書学の諸問題』所收）。

相田发表于 1941 年的这一见解，和佐藤进一的"镰仓幕府即东国国家论"一道，都是基于严谨的学术依据指出了日本东西差异的卓见。

东与西的里制

不仅如此，众所周知，相田有关中世关卡的研究即便放在现在也可以说是最高水平的（『中世の関所』、畝傍書房、1943）。其中，相田注意到在后北条氏的传马手形中时常可以看到"一里一钱"的文辞。

290　　　然后，他一方面进行实证，说明这是租赁驮马的运费规定，马每走一里付一钱，武田氏的领内也有同样的规定；但另一方面，他注意到同样在武田氏领内，天正初年骏河国骏东郡的传马费用是一里一钱，而富士郡、庵原郡却是一里六钱，并探明了在前者的郡域内六町为一里，而后者的区域内却是三十六町为一里。

而且相田氏还指出，在战国时代，将美浓以东称为"关东"的表现形式依旧存在，换句话说，大野晋所说的古代的第三"吾妻"在这一时代依旧清晰地存在于人们的意识中，他证实至少从天文末年到永禄初年，在骏河中部以西、美浓东部以东的地区，传马运费系一里十钱，也就是说六十町为一里。

在广义的东国，即美浓以东地区，存在和西国明显不同的里制，特别在狭义的东国，六町为一里的里制根深蒂固，正如相田所言，即便到了 16 世纪后半期的天正初年，西国的三十六町为一里的里制在东国才总算渗透到骏河西部，也仅停留在如此微小的影响上。

相田二郎揭示的这一事实有重大意义，石井进在过去根据宝月圭吾和高柳光寿两人的研究，即枡①等度量衡制度由于地域不同而相当地多样化，推测日本列岛上存在许多国家（前揭『日本中世国家史の研究』）。这一重要的观点在之后虽然未必得到了学说上的发展，但其实如战前相田就在里制问题中所阐述的一样，通过认识到东西里制不同这一事实，我们可以体会到鲜明的地域差异，而度量衡差异肯定更能说明这一问题。

不论前面提到的文书样式还是这里说的里制问题，可见相田二郎对东国和西国差异的关注深度非常人能及。我们必须继承以相田为始，包括佐藤和石井两先生的研究成果，更加明确且细致地厘清度量衡制度的地域差异问题，

291

---

①　木制的四角量器。

例如在整个江户时代都在甲州使用的武田氏大枡等，这是我们今后的一大课题。

东西都市的形成——渡、津、泊、市、宿

相田在前揭著作中讨论的关卡，以及渡、津、泊、市、宿等地，在很多情况下也是非农业民——"职人"的根据地。虽有大小之差，但它们在中世后期都发展成都市。

过去以游方为主要生活形态的"职人"们，一方面292 更倾向于定居在其根据地，另一方面也接受了各种新的"职人"，发展出座、年龄序列的组织，以及自治的市民组织。因此，西国的沿海地区——濑户内海（尾道、草户、鞆）、大阪湾（堺、兵库、佐野等）、琵琶湖（坚田、船木、大津等）、伊势海（桑名、大凑等）沿岸，以及内河的河原和中洲（山城的淀、山崎、备中的新见）等地，形成了相当多的大小都市。与此同时应该注意的是，在西国，同职种的职人集团明显具有集居在村落的倾向。

例如若狭有一个叫金屋的地方，到战国时代为止，那里集居着铸物师们，构成了一个铸物师的集落；近江也有一个地方叫锻冶屋，那里也有铁匠聚集生活。这种现象也可见于木地屋、桧物师、阴阳师等其他职能民中间，宫本

常一认为这是日本村落的一个特征，农民和渔民的情况也一样。但我认为应将其视作西国的社会特色之一，它与到中世前期为止的"职人模式"有关联。

不用说，在东国也能看到都市的形成。比如在常陆的霞浦南边，位于小野川入口，成为前述的"霞浦四十八津"中南津头村的古渡口，在中世被称为浦渡宿，不仅是一个渡口，而且有宿驿，还集中了许多小寺院，也能看到"宿中乙名"的活动，是一个多少带有自治性质的都市。东国此类都市的情况在今后的研究中一定能得到进一步的阐明。不过，现在认为在东国还不大能发现西国那样同业种"职人"集落性聚居的情况。

关于这一点，今后必须进行更严谨的讨论，但我认为，虽然关东同样也有"金屋"这样的地名，但即便有铸物师居住，其规模也没到铸物师集落的地步。这或许和中世"职人"模式的东西差异有关，即西国的"座"发达，而东国"亲分—子分"这样的纵向关系比较强。

但我们应注意的是，"宿"（宿驿）在东国的广泛存在。在常陆走一走就会发现，几乎每一个集落都有叫某宿的地名，那里都是人烟集中的地方，常常附近还有叫某馆的地名，很多情况下还有城郭遗址。

此种"宿"的渊源，我想可以追溯到在《将门记》里看到的"服织宿""镰轮宿"等那样以馆为中心的集

293

落，它们经过在常陆国的大田文中作为乡名出现的鹿岛郡的下宿、德宿那样的阶段，和战国、江户时代的宿驿关联在一起。虽然前面提到的浦渡宿，以及武藏的久米川宿、294 陆奥的河原宿等和上述事例有些不同，但东国宿驿的特征是它们很多都和豪族、领主的馆、城相关。在考虑东国的都市问题之时，需要有这样的视角。

在西国，宿还时常被理解为和被歧视民有关联。事实上，虽然中世的"非人"附属于宿，但东国的宿在很多情况下和这种歧视问题毫无关系（镰仓是一个例外，因为它引进了西国和京都的组织）。同时，如果能够确认前面提到的同业"职人"的集落内聚居确实属于东西部差异的话，最近得到注目的江户时代以来被歧视部落的东西部不同之处，我想首先就可以推定和这一点有关了。

不仅是歧视模式的东西差异，在东西文化和习俗的深层次中还留有很多有待解明的问题，比如说，在关东完全不会被当作存在歧视问题的"绀屋"（染坊），在关西就会作为"青屋"而落入被歧视民的行列，而在西边没有问题的簸箕匠在关东就会遭到歧视。为了真正地克服歧视问题，我们不能依靠机械教条的本本主义，必须扎根于各地域的特性和实际情况，以细致的研究为基础来推动这一方面的努力。

"职人"和地域的意识——东马西船

对于这种文化和风气的东西差异的认识，自室町时代 **295**
开始已经逐渐在人群中产生了。前文举出的"京へ筑紫
に坂東さ"（『実隆公記』）是其中的一例，室町时代以
后，包含云游诸国进行交易的商人和艺能民在内的各种
"职人"们，在强调自己拥有在全国各地自由通行的特许
权的时候，会换掉至镰仓时代为止"五畿七道诸国"的
提法，而使用诸如"东到小马足迹所及，西至橹棹所到
之处"（「京都御所東山御文庫記録」応永卅一年十月某
日公方下知状写，该文书或为伪文书）和"东者限小马
足行，西者限栌棹行"（「当宮縁事抄」寬元二年十月十
六日後嵯峨天皇綸旨，这也是存在疑问的文书）之类的
表达。

另外，和永正年间西冈的宿人①和淀鱼市的纠纷有
关，由清水坂者②提出的诉状，在提及身兼祇园神社犬
人的清水坂非人和西冈宿者的贩盐特权时，说他们可以在
"东国凡驹蹄所至，西国至波涛尽头之千岛万岛"的范围
里无碍通行（「北風文書」『八坂神社文书』上、拙稿

---

① 西冈宿的非人。
② 集居在清水坂的非人群体。

「非人と塩売」『年報中世史研究』4 号、1977）。

本来，这种修辞手法出现在《古事记》的序文和祈
296 年祭的祝词里，以《平家物语》的《逆橹》一节里源义
经的台词"陆上凡马蹄所至，海上凡橹棹所行"为原型，
乃古代和中世虚指人迹所至的"天涯海角"范围的语句。
但我们必须注意到，从室町、战国时代开始，东国走马、
西国行船的地方特性被纳入这一修辞。

前面提到的"西船东马"这种对日本列岛的看法，
以及日本东西部地域差异的存在，在这一时期已经清楚地
在普通庶民的意识中固定下来。

天皇和源赖朝——"由绪"和特权

各种"职人"所有的"特权"——可以在诸国自由
通行、交易的特许权，在很多情况下确实可以从镰仓时代
上溯至平安时代。但在进入室町时代以后，这些缘起就多
少变得传说化了，"职人"们开始编写和持有将其特许权
的由来、职能的缘起和某位权威人士结合起来讲述的
"由绪书"。在西国，这种权威人士几乎都是包括神话传
说人物在内的天皇、皇后和皇子。

比如前面提到的清水坂非人——犬神人，就声称自
297 己的自由通行特许权是由"延喜御门"即醍醐天皇认

证的，并源于所谓的"河原卷物"。另外，铸物师也将他们在近卫天皇仁平年间（1151—1154），因成为天皇病因的"恶风"不消而向天皇进献铁灯炉的传说作为其特权的起源；木地屋则在给文德天皇皇子惟乔亲王使辘轳的传说中寻出职能的渊源，这也是有名的事例。

而且，从"鹈饲"① 系统中衍生出来的桂女②，就宣称作为其特征的白色缠头布起源于神功皇后的腹带；而隶属于朝廷内藏寮的御绫织手，也有在神武天皇时候获赐"金形"③ 的传说。以濑户内海为活动舞台的专业渔民"能地"所有的"浮鲷系图"，则主张其自由打鱼的权利始于神功皇后时期；祇园神社所属的狮子舞艺人，甚至在其缘起传说中抬出了天照大神、圣德太子。

此类事例还能找出很多。"职人"对圣德太子的信仰，肯定与这有某种关系。

不用说，东国也有将源流求诸天皇的"职人"。山梨县丹波山的守冈家所藏《日本狮子舞之来由》，就以后嵯

---

① 用鸬鹚捕鱼者。
② 集居在京都西郊名为"桂"这一地区的女性职人集团，本是向天皇进献鲇鱼的"桂供御人"，也享有贩卖鲇鱼的特许经营权。室町时代鹈饲业衰落后，她们就头披白布出入各家，成为以献贺词为艺的一种巫女。
③ 金属制的铸型。

峨天皇的宽元三年（1245）为狮子舞的创始年，称这年
他们的元祖角兵卫受"天子御览"。不过有趣的是，这部
由绪书还提及他们和幕府执权北条经时、北条时赖的关
系。很多东国的"职人"将自己技艺的渊源以某种形式
298　和幕府中的掌权者，特别是源赖朝攀上关系。

　　一个很好的例子是，在江户时代作为统辖被歧视民的
头领而威风八面的弹左卫门就在其由绪书中，伪造了治承
四年九月的源赖朝判物①，以及大永三年三月二十三日鹤
冈八幡宫的少别当法眼良融的充行状等文书，来作为他对
从长吏、座头②、舞舞③到傀儡屋④、倾城屋⑤等二十八座
"职人"合法支配权的依据。

　　以《河原细工由绪书》为题的河原卷物，虽然多少
改头换面，详细叙述了自垂仁天皇以来的职能由来，但是
在其末尾部分果然也有同样趣意的内容，借建久二年八月
某日的赖朝判物认证了其特权，而且还列举了北条氏的下
文⑥以及镰仓探题家（公方足利氏和关东管领上杉氏）、
后北条氏乃至德川家康的特许（盛田嘉德『河原卷物』、

---

①　署押文件。
②　两者都是被歧视艺能民组织头目的称呼。
③　以舞艺为业的一类乞丐。
④　木偶戏表演者。
⑤　妓院。
⑥　上对下传达命令、指示和授权时使用的文书格式。

法政大学出版局、1978）。这简直可以说是让东国国家来
为他们的特权背书。

另外，笹本正治则阐明了分布于甲斐国的群山中的大
锯匠从战国大名武田氏和德川氏那里获准了若干特权，发
挥着调集木材、组织工兵队、协助金矿经营等职能。这一
人群也以在赖朝富士围猎时供其"御用"的说法来作为
这些特权的起源（「甲斐近世初期における大鋸・杣制度
の一考察」、『信大史学』2 号、1975）。

以狩猎民而为人所知的各地的"又鬼"①，也拥有各　300
种各样的由绪书和秘传书，虽然其形式多样，但建久四年
五月的源赖朝富士围猎一事几乎在绝大部分传说中都具有
决定性的意义。其中福岛县南会津郡伊北村田子仓的皆川
甚平家中所藏的《山立根元卷》最为有名，它以万三郎
为信的传说起笔，讲述了为信在日光山和赤城山的神祇交
战中，为日光山一方助战，杀掉了赤城明神的故事；其结
尾部分有赖朝袖朱印②和北条时政奉书，言明持此卷物者
在前往诸地时，所至之地"应供其一宿"；最后还记录了

---

① 一般用片假名写作マタギ，是"山立"（ヤマダチ）的讹称，是日
　本东北到关东甲信越地区对用古法狩猎的猎师的称呼，用日文汉字
　则写作"又鬼""叉鬼"等。
② 袖朱印或指在被称为"袖"的文书右端盖有朱印的公文，但一般
　情况下使用的是花押，即"袖判"。

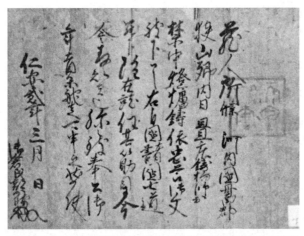

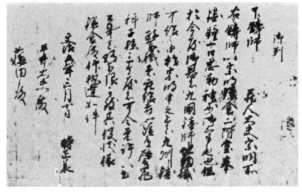

图 37　铸物师制作的伪文书（名古屋大学文学部藏）

上为按有"天皇御玺"的藏人所牒（《真继家文书》）、
下为北条时政奉令下达的源赖朝袖判下文。

建久四年五月高阶俊行署印的过所文书，指示"持有山
立一卷者，各国关所渡船应无碍放行"。

同样，秋田县大馆市的木次谷家所传的《免状证文

之事》也讲述了藤原秀乡的末裔、名为定六的"叉鬼"
受召前来并从赖朝处获赐卷物的传说。

这些职人的传说故事，很好地说明了前文所述赖朝宣
示自己乃东国国家领袖的富士围猎这一事件是如何深刻地
印在东国人的脑海之中。另外，"叉鬼"的传说以日光山
的神话开头，也和前述日光山在东国国家中的地位有所关
联，对此我们须予以特别注意（前揭千葉德爾『狩猟伝
承研究』）。

前文提到过石工从宋渡来日本的事例，信浓国高远的
石工所持的由绪书《石破先祖根本之证》将职能起源追
溯至中国的黄帝，自述有匠人在圣德太子时代从唐和百济
渡海而来。在思考自唐土而来的移民模式上，这个传说可
谓很有趣，但这张由绪书在讲述了如上传说后，也以载录
文治三年五月十一日赖朝朱印状的形式结尾，其中写道，
"石细工之职人，于日本且勿论，可在海上各屿诸山无碍
行其石细工之营生"。我们依然应该认为，这是基于东国
职人的意识而写成的（金森敦子「江戸社会における石
工の位置」、『日本の石仏』8号、木耳社、1978）。

九州的职人与源赖朝

东国与西国之间意识上的差异，即便就以战国时代以

降职人的情况来看，赖朝和天皇在其中的含义也相当鲜明地浮现出来。从中可以清楚看到，东国国家领袖的权威丝毫不输给天皇，值得注意的是在九州的职人之中，也有很多强调他们和赖朝之间关系由来的传说流传了下来。

302　　流传于北九州，有肥前佐贺的小川正治、肥州南乡善九郎署判的河原卷物，虽然是起自神话时代的长篇大作，但也以收录治承四年三月二十八日的赖朝判物的形式收尾。"叉鬼"的情况也是一样，熊本县阿苏地区流传的《狩之作法闻书》和大分县直入郡九重町的时松家传承的《御定狩评定》等同东国的由绪书一样，与赖朝的富士围猎扯上了关系（前揭千葉徳爾『狩猟伝承研究』）。

　　另外，九州有被称为镇西铸物师、处于大宰府统辖下的铸物师集团，他们最晚在镰仓时代前期就已存在。和一般铸物师持有由真继家发给的伪藏人所牒不同，他们持有的是文治五年三月十日北条时政收到的赖朝袖判下文，以及大宰大监惟宗某奉令施行的同年六月二十日施行状等伪文书，其内容则是铸师藏人大夫宗明因给镰仓二阶堂铸造梵钟的功劳而获赐了九州铸师政所职（名古屋大学国史研究室編『中世鋳物師史料』、法政大学出版局、1972）。

　　同样，筑后国三潴庄的镇守神社玉垂社劝请了高良社祭祀的神明，而侍奉该社的美丽田乐艺人也传有文治五年八月某日北条时政收到的赖朝袖判下文，这酷似镇西铸物师持有的伪文书，其内容是为镰仓二阶堂的梵钟举行供养仪式的时候，他们献艺表演了"殿乐法乐"，因而获得"九州惣政所"一职。恐怕这两张伪文书有密切关系，不管怎么说，若没有前文提及的东国和九州地域性和政治性的密切联结为前提，我们很难能理解九州职人间为何会有这些关于赖朝的传说。

303

西国和朝鲜半岛

与之相对，虽然没法从这个方面探求西国和东北的关系，但我们应该注意西国和朝鲜半岛的关系。以下例子虽然不一定很适合，但仍需一提：大坂的被歧视民认为他们之所以遭到歧视，是因为在神功皇后"三韩御征伐"的时候侍奉左右，在朝鲜半岛上吃了兽肉。这传说可谓具有极其深刻的意义，尽管是以相当曲折和反证的形式，但难道不正是说明了西国和朝鲜半岛之间存在前文提及的那样相当深厚的关系吗？

本来这一传说全属虚构，但我读到了由安宇植编译、最近出版的《阿里郎岭的旅客们——听记朝鲜民众的世界》（『アリラン峠の旅人たち—聞き書き朝鮮民衆の世界一』、平凡社、1982）一书，十分惊讶于该书中描述的朝鲜的商人、被歧视部落民、艺能民、木匠和铁匠等

"职人"们的模式，实在和日本的"职人"太过相似了。

不仅如此，日本与朝鲜半岛上的民俗也有酷似之处。例如，以西国为中心广泛分布的飞砾活动，作为节会在正月十五日、五月五日、八月十五日定例举行，在朝鲜半岛上也是如此（前揭中沢厚『つぶて』）。另外，如江守五夫近年来的调查结果揭示的那样，在西国以京都的公家贵族社会为中心常见的"临时走婚"，即所谓的"招婿婚"，也明显和朝鲜半岛的习俗相似（「日本の婚姻成立儀礼の史的変遷と民族—韓国との対比において—」、『千叶史学』創刊号、1982）。

私以为，若我们不能跨越在日韩两边都看得到的那种不得不说是气度狭隘的"国家主义"的阻隔，大胆、细腻、更加活跃地进行日本列岛（特别是日本西部）和朝鲜半岛之间包括歧视模式和被歧视民情况在内的民俗、民众生活的比较研究，那么不仅日本和朝鲜两个民族各自的自我认识无法深化，而且相互间也不能产生真正且深厚的团结和合作关系。

东国、西国战争——从关原之战到锁国

然而，阻碍日本与朝鲜半岛发展友好关系的事态在16—17世纪就不断出现。不必多说，丰臣秀吉的朝鲜侵

略显然一举推翻了所有条件。而日本列岛上的东西部差异，也由于秀吉征服了东国国家——后北条氏的政权，并建立了比律令国家远为名实兼备的强力统一政权，至少在表面上走向了消解的方向。

在征服关东之际，秀吉招安了东北的伊达政宗，使东国陷入孤立，这时东北和西国之间的政治纽带再次浮出水面，但众所周知，这个统一政权因继承了东国国家的德川家康力挽狂澜，一举扭转了局面，才真正地得以确立。并且，可以说其关键战役——关原之战正是规模最大的东国、西国战争。我们在这次大战中多少可以看到西国和东北一部分（例如上杉景胜）、东国和九州的一部分（例如黑田长政）的联合模式①。通过赢得这场决战，并经大坂之阵，以家康为主的东国国家才首次在历史上将西国国家征服。

从南方诸国通向美洲大陆的太平洋海上之路的首次开辟——支仓常长渡海前往墨西哥之旅也不会是单纯的冒险，肯定是以相当活跃的跨太平洋交流为前提的，但这一通道在不久后也遭到了关闭，日本列岛和中国、朝鲜半岛之间拥有漫长历史的交流渠道也被明显地缩窄，这一

① 关于关原之战中陆奥会津的上杉景胜是否和西军石田三成、毛利辉元一方有预谋和紧密的联合，目前日本历史学界对此持否定态度，详情可以参考吴座勇一《古代日本的战争与阴谋》（广东旅游出版社，2020）的最后一章。

"锁国"体制的完成，使幕藩体制确立并逐渐巩固，在三百年间将日本人封闭在除冲绳以外的日本列岛之内。但要用此前那样的观点来衡量这一历史时期，则已经超出了我的能力范围。

不过，即便说是"锁国"，关于萨摩藩和琉球、松前藩和阿依努人、对马藩和朝鲜半岛之间应该研究的问题还有很多，朝鲜半岛和中国的学问与文化确实也依然相当深刻地渗透了日本列岛。在这一体制之下，日本东与西的问题暂且不论，业已提及的各种地域间的问题肯定依然影响着政治和社会。

江户时代的东与西

现在如果要我把自己能够想得到的进入江户时代以后日本东西差异的问题试举出两三个的话，首先映入眼帘的便是贯高制①和石高制②的问题。这也可以说是属于战国时代的问题，相对于东国的战国大名通用贯高制，畿内、近江等地使用石高制，而西国大名则两种并用，但总的来看，石高制占了优势地位。

恐怕这和前面提到的东西国的庄园、公领年贡的差异

① 用钱币的贯文数来表示土地租税额。
② 用大米的石数来换算土地租税额。

有关，即在东国非水田的年贡如绢、布等纤维制品占了压倒性多数，而在西国米年贡占据了优势地位。在这里应该注意的是关东在进入江户时代以后也未能贯彻石高制，武藏的毛塚村在摊派军役夫金和夫钱①时，并不以石高表示的村高为分配基准，而是以作为水田和旱地的年贡收纳高的京钱高（所谓的"钱高"）——钱的租税收纳量为分配基准。

证实了这一事例的山口启二，认为这种现象是由于支撑着过往后北条氏治下所实行的贯高制的社会条件依然存在，并且关东的实际情况是旱地作物占优势地位（「武藏一農村の金銭高について」、『名古屋大学文学部研究論集』史学 28 号、1982）。这一研究清晰地表明即便在严格贯彻石高制的幕藩体制之下，东西社会之间历史悠久的差异性依然会对土地制度产生影响。

另外，虽然说不上是什么本质上的问题，但关于村吏称呼的区别，即东边称名主，西边称庄屋，仍有略做考察的余地。虽然前文说过东国的"名"是不发达的，但是，在例如今川氏《今川假名目录》和武田氏《甲州法度之次第》等东国战国大名的家法中却可以看到"名田"一语。我觉得"名"在中世前期和中世后期的含义相当不同，这和"名主"这一称呼恐怕有些关系。另外，虽然

307

---

① 都是代役钱。

"庄屋"这个词语在中世后期的西国很常见，但至于为什么会作为村吏的职名而固定下来，很难说是一个已经得到解决的问题。

关于东金西银的通货问题也是一样。比如在买卖田地的时候，实际上用了什么货币，而在凭据上又用什么单位来表示，关于这些问题，今后的研究还需要确定各地域的实际情况，并且将其综合起来加以衡量。

除此以外，关于为什么可以看到这样的货币流通情形，我想单纯用金银的生产量的地域差来说明是很不充分的。包括前面举出的贯高或者永高①在内，在前近代的货币问题中，仅将其解释为一般性的交换手段和流通手段肯定是不行的，今后我们要将视野拓展到这些方面。

实际上，在本书最初提到的那些东西部民俗上的区别，在江户时代显得愈加泾渭分明了。田耕畜力上的东马西牛，江户和京坂地区的各种不同的风气，艺能上的东西差别，东边的赌徒和西边的忍者，曹洞宗广泛流布的东部和一向宗（净土真宗）兴盛的西部，关于这些也很难说都得到了学术上的深入研究。如果在文化和宗教等方面能举出差异的话，那么在其他方面肯定也能举出更多的问题（前揭大野晋·宫本常一他著『東日本と西日本』、日本

---

① 用明钱永乐通宝换算的赋税额，常见于后北条氏、结城氏等关东战国大名的旧领。

エディタースクール出版部、1981）。考虑到前文所见的东西政治权威的不同，在整个江户时代东西两边对天皇的看法肯定也相当不同。

这样以东西部为主轴的各个地方上的特性，肯定会对政治和社会造成影响。幕末、明治的内乱和变革，乃至自由民权运动的模式且不必言，包括现在的歧视问题，不考虑地方差异性就没法理解的问题恐怕多如恒河沙数。

309

日本史学的两种潮流

比起上述那些，在我自己专攻的日本中世史的研究领域，学说的东西部差异实际上也泾渭分明。截至目前，一般的学术史认为，日本中世社会论分为领主制论和非领主制论两大并行对立的学说。前者认为在地领主对下人和所从进行的父权制和"家"型支配为中世社会之基础，以在地领主构成且贯彻了主从制原则的武家政权为主轴来理解日本中世社会；后者则认为中世社会的基础结构是具备"座"型结构的村落，村落中的平民百姓则被置于庄园和公领的支配下，作为庄园和公领支配者的公家、寺社、武家则以互相补充的形式构成国家权力。

时间上再往前推，我们在竹内理三和中村直胜之间就能看到这样的见解之差。石母田正建构了领主制论的理论

基础，与之相对，清水三男重视领主的公共机能，强调中
310 世社会的根本在于百姓创造的村落生活；永原庆二将作为
父权制权力的在地领主制视为中世社会的基本形态，并以
在地领主制为中轴来考量中世国家成立问题，而黑田俊雄
则以拥有"座"型结构的村落为社会主轴，认为在地领
主反而是次要存在，提出用权门体制①的观点来把握中世
国家；石井进更加聚焦于"家"型支配，以此来构想中
世社会论，大山乔平则着力陈述村落百姓对于领主的
"家"型支配所进行的抵抗。不管怎样，在以上这些观点
差异之中，前述两种学说的对立实在是旗帜鲜明，要说这
是日本东部史学家和日本西部史学家的对垒也毫不为过。

　　不管怎么说，主张东国独特性的史家有相田二郎、石
母田正、佐藤进一、石井进，这些人全是日本东部出
身——这么说的话我自己也包括在内——恐怕不是一个偶
然。而强调"日本国"意识的史家不光有日本西部出身
的黑田俊雄，还包括东北的大石直正、入间田宣夫，这种
西国和东北的一致也不是偶然吧。并且这个差异可以被视
为诚实地表现了这些历史学家各自生活的场所，以及作为
其研究对象的地域的差异性。当然其中也有各种例外，肯
定也会有不同意见说我这是一棍子全打死的讲法，但我觉

---

① 即前述作为庄园和公领支配者的公家、寺社、武家以互相补充的形
式构成国家权力的体制。

得这一倾向的存在是难以否定的事实。

对于日本中世社会的看法差异，当然也和时代区分有关系，而且可以扩展到对日本历史整体的不同理解方式。311现在的通行学说认为，镰仓幕府的建立是古代和中世的界限，江户幕府的成立标志着近世社会的开始，而它的灭亡是近代的开端；但这种观点在一定程度上是基于武家政权的，可以说是一种东国式的见解。

与此相对，有一种见解把南北朝内乱时期看成一个很大的时代区分，不论赞成与否，我都认为这是聚焦于天皇的一种观点，可谓是西国式的理解模式。另外换一种观点来看，也许可以说前者的着力点是政治和制度，后者则以社会和民俗为中心来考虑问题。本来，前文所言东西部史家学说的差异并没有和时代区分的意见分歧完全重合，但若将前近代的史学家也囊括在内的话，这两种理解模式也可以说是日本史学的两大潮流。

现代的东与西——探寻全新的日本人形象

即便如此，以往我们难道不是过于轻信"日本人""日本民族"这些概念了吗？一旦我们打破这种观念来认真研讨的话，就会意外地发现它根基浅薄，并充斥着各种教条主义。312

在历史学中，本来是不允许探讨"如果"的，如今要我斗胆来说一下的话，如果在日本列岛的北部、北海道乃至远东滨海地区存在非常强大的势力，或者像蒙古帝国那样强大的政治势力经朝鲜半岛越海而来，控制了日本西部的一部分的话，恐怕东国和西国便会发生分裂，变成完全不同的民族和国家的可能性是非常之大的。试观欧洲大陆各民族的动向，就可知这并非天方夜谭。日本东西部，以及日本西部和朝鲜半岛之间的差异程度，和西班牙、意大利、法国，或者荷兰和德国、挪威和瑞典之间的差异程度相比又有多大呢？我想至少可以说，比起以往我们脑子里想当然的想法，日本东部和西部之间的差异甚大，而日本西部和朝鲜半岛之间的差异较小……

另外，如果在二战之后日本列岛遭到分割，日本东西两部各自被不同国家占领的话，会发生怎样的事态呢？恐怕确实会各自成立性质迥异的国家吧。这不是单纯的想象，而是十分有可能发生的事情。

当然，如果事情真的发生了，在日本列岛上一定会展开为了恢复统一而拼上性命的运动和努力。不过在这种情况下，恐怕首先就得流很多的血，经此重新获得的日本人形象和日本民族意识，就不会像现在这样朦胧而单薄，肯定大为不同。至少这样的话，恐怕就不会发生在教育下一代的教科书里把天皇的死改为"没"，把对中国和朝鲜的

313

侵略改成"进入"，把朝鲜人民的反抗改成"暴动"，不知羞耻地隐瞒对中国人、朝鲜人乃至冲绳人的屠杀行径等事情。

如今的日本是和平且幸福的，但是，我们不能忘记日本列岛之外的世界中有许多人在流血挨饿。如果我们耽溺于幸福，不认真努力地去认识自己的本质和自己在世界中的定位的话，恐怕就要从幸福生活中跌落下来，走上堕落、颓废并最终灭亡的道路吧。

我想，从这个意义来看，日本历史上的东与西是一个非常好的现代问题。

后　记

　　我在日本历史上的东与西这个问题上得到的最初启发，是在开始阅读宫本常一著作的时候。宫本先生大胆指出相对于东部的父系制，西部则是母系制，给我留下深刻的印象，我曾经想以松浦党的同族结合问题为对象来试着研究一下这个问题，但以那个时候的学力终究处理不了这样大的选题。不过，那时为了给高中生上课，在涉猎各种入门书的过程中接触到了大野晋先生的《日本语的起源》和考古学的各种研究，通过这些书籍，我逐渐对东西部问题产生了兴趣。

　　与此同时，我参与了茨城县史编纂的工作，这成为自己深入思考这个主题的契机，并打下了实质上的研究基础。到那时候为止还只懂得一些以若狭为中心的西国庄园知识的我，第一次有幸得到了学习在东国风土中成立的庄园、公领模式的真正机会，得以进入比较两者的门径。并且在这一期间，我承蒙河内祥辅先生赐教，得知了《若狭国镇守一、二宫祢宜历代系图》的存在，再次回顾宫本先生的研究，重新考虑这个问题，此时有幸在名古屋得到佐藤进一先生亲切的指教，这么一来我对于东国和西国问题的兴趣就更高了。实际上且不要说东国国家论，有关本书触及的异年号的问题，以及日光在宗教上的作用，都是在谈话中受教于佐藤先生的。我在相关政治史上基本没有自己的独创观点，不只如此，关于民俗学、考古学乃至在古代史方面也完全是门外汉，本无丝毫想法来写如此之大的一个题目。

让我拿出胆量来涉险犯难的人，是我的好友，也是集体社的社长大谷高一先生。大谷先生本来想把这个选题交给宫本常一先生来写，但在得知宫本先生当时的研究兴趣不在这一方面后，便把这个选题放到我这里了。宫本先生遗著《日本文化的形成》（『日本文化の形成』、そしえて、1981）的遗稿后记，就是由大谷先生来写的，可以说他是把本来最适合宫本先生的一个选题让给我来做了。我知道这事后，便下了破釜沉舟的决心。正如后记开头说到的那样，宫本先生在这个问题上让我开阔了视野，我想若要回报学恩，那只有此路一条，别无他选。

但是，我依然也就只有这点能耐，就像前面所说的那样，这本书的大部分内容来自其他研究者的研究成果，而

315

316

我只能做一些一知半解的介绍，只有不到两三章的内容算是靠自己力量写成的，对于近世史和近代史，我则是完全写不出什么。

不过，我一方面获教于先学们的研究成果，另一方面尝试以这些观点来重新认识日本的历史，通过这一过程发现了几个以往还没有觉察到的新问题，这对我来说是一个收获，我斗胆让这样不成熟的内容问世的小小理由也仅在于此。而且通过这一件功课，我痛感将这些视点引入日本历史概观的必要性，这也是很有意义的。如果以后还能得到机会来做这样的工作的话，我想借那个机会来把本书里还未能完成的工作完成。

由于过去曾用同种办法成功编成一部书，借此机会我又试图把本书的原稿编成现在执教的神奈川大学短期大学部里讲授的"历史学"课程所用讲稿，但就如"柳树底下逮不着第二条泥鳅"的俗话那样，必须承认这种试图讨巧的做法并未成功。学生诸君倒都是非常实诚的听众，而试观其反应，除少数本就非常热心听课的学生之外，在讲到大家觉得稀松平常的内容时，大部分学生在课上喊喊喳喳地聊天，也只有两三章的内容收获了满场的鸦雀无声。根据学生的听课反应，我虽然努力地加以修补，但完全只是弥缝而已，在大谷先生和很是热心的编辑牧野高明先生的鼓舞之下，总算熬到了成书的这一天。事实上，如今的我也不能做得更好了。

　　我衷心感谢大谷和牧野两位先生，他们在包括制作图版和地图在内的全部过程中给予我很大关照；同时我也下定决心，为能讲出一点富有张力和魅力的内容而不断蓄养自己的学力。现将拙作献于读者，请各位批评指正。

　　另外，今谷明先生痛快地允准本书刊载他还未发表的图表，插图、照片的使用也承蒙茨城县历史馆、京都国立博物馆、小浜市史编纂室、名古屋大学文学部国史研究室、东京大学史料编纂所等各单位的好意，我谨记于此，对此深表感谢。

1982 年 9 月 1 日

网野善彦

解　说

山折哲雄[*]

318　　阅读网野先生的著作时最让我佩服的一点，就是他涉猎了诸多学者的研究（这些研究横跨好几个领域），并亲切认真地将其介绍给读者。多亏了他，读者的见识也不知不觉间就全方位地拓展开去，令人十分欣喜。乍看上去，网野史学就给人一种稳健且得中庸之道的平衡之感。

　　不久，网野先生的主题就在这样精心准备的前奏之后悠然缓慢地上扬，网野史学的固有命题就开始从字里行间渗透出来。之前逐次抛出的各个领域的学说群，就被这一主题吸引，像被磁石吸住一样开始凝聚起来。只要其轨道被设好，网野的主题旋律就按计划爬上脊线、笔直向前进军，他运用的主题变奏和展开等写作技巧令人目不暇接。

---

[*]　山折哲雄,1931年生,宗教学者,国际日本文化研究中心前所长,日文研名誉教授,日本国立历史民俗博物馆名誉教授。

这可谓是网野先生在历史叙述中展露的智识腕劲之魅力。当读者感知到这一点的时候，就可察觉到网野史学中稳健而中庸的假面具已被舍弃，而其挑发争议的性质则如镰刀尖刃一般显露出来了。而网野史学的趣旨便在于此。　319

对于网野先生来说，历史的叙述绝不是有体系性地解释和说明历史。比起这样，他首先会提示主题，同时会投放反命题的剧毒。比如，他在提示"无缘"（无赖和自由）这一范畴，设定"公界"（平等和无政府）的观念时就是这样的；尝试使用"非农业民"这一否定概念也让人感到新鲜。他之所以在人们眼里既是历史学界的宠儿又如同孤儿一般，其理由便在于此。网野善彦其人究竟是一个命题的提示者，抑或是一个反命题的铺设者？他究竟会如尼采那样慷慨激昂地去倡导主张，还是像布克哈特那样在谦逊平和的态度中陈述观点呢？

"日本历史上的东与西"，正可谓是一个巧妙的表达，当作者说出这句话的时候，他的脑海中就已经浮现出"从日本海和太平洋沿岸看日本历史"这一视角了，而"从北海道和南岛冲绳看日本历史"这一想法也苏醒了。这就是网野史学宽广的外延性，名如其形。

本书的切入点也是照例地轻盈且平常，但确是稳健的网野风格。在有关日本历史上"东与西"的乖违和背反的主题下，他将语言学和地域历史中的有关信息一个一个

320 地揪出来，并加进考古学、民族学和社会学的研究成果，
大范围地撒下网去，将"东国"和"西国"的轮廓雕刻
出来。他所设定好的机关，就是让读者一边不自觉地关注
起自己的生活圈，一边逐步投身到历史的长河中去。网野
推断划分东西部的断层为北起新潟、富山的县境，南接静
冈、爱知的县境的一条线，这很明显和日本中央地堑带
（fossa magna）这一地质结构线重合。

　　这一地质结构线，在日本历史的发展上拥有何种意义
呢？一开头，网野就陈述道，西边行船、东边走马（西
船东马）的东西部地域特性在古代就已经形成了；接下
来在写到海贼武者（日本西部）和纵马奔驰的盗贼（日
本东部）的时候，他下笔如有神，瞬息之间就写到了在
10世纪如火山喷发般剧烈的平将门之乱（东国）和藤原
纯友之乱（西国）。

　　网野史学的脊梁就是由构成两极的两条轴线支撑起
来的"无赖党派"的形成物语，这便是自在操纵人员移
动和物资流通的新兴阶级的登场。他们也被称为"群
盗"，他们威胁到既有权力的根基，撼动了以定居住民
为中心的秩序感和价值观。纵然将门和纯友的叛乱没持
续多久就被镇压下去了，但即便是在短时间内，也切断
了畿内天皇的统治，给之后的日本国制里嵌入了一根楔
子。因为以这次叛乱为引子，不久后构成日本历史骨架

的源平对立时代便来临了。伊势平氏继承了西国海贼武者的传统，企图建立带有海洋特性的西国国家，与之相对，河内源氏则让朝廷承认源氏对东国的统治权，向东国国家的独立迈进——这场斗争如众所周知的那样以东国源氏政权的成立告终。

　　不久，东国国家镰仓幕府走向灭亡，历史流向南北朝动乱时代。虽然主导倒幕的是后醍醐天皇的王朝，但起到决定性作用的乃足利尊氏、新田义贞等东国军发动的叛乱。这样一来，足利氏将继承东国国家的姿态愈加鲜明，不久足利尊氏、直义兄弟就进京建立了室町幕府。之后，南朝政权出现，足利一族以及幕府内部也经历对立和抗争，支配体制的混乱不断加深，结果形成了统治东北和关东的镰仓公方的支配领域和统治除九州外四国、中国、畿内周围地区的室町公方的支配领域，东西两个"国家"之间持续处于可谓是宿命般的紧张和对立关系之中。其中，作者一直对"东国国家"有偏袒和执念，实在让人印象深刻。

　　上述镰仓公方即东国国家，不久就加强了和日光山之间的宗教关系，以同西国国家的天皇、室町公方与比叡山之间的密切关系抗衡。日光山名副其实地成为精神权威圣地，为东国国家增添庄重之感。另外镰仓时代的东国国家尚不能插手的决定年号和叙位任官的权力，在这一时期的东国已能自由执行。在其最终点，成为"关东八州国家"
建立者的后北条氏登台。这一政权不怎么亲近京都的朝廷
和幕府，在织田信长的统治下依旧坚持其独立的姿态。纵
然后北条氏建立的"关东八州国家"遭到丰臣秀吉的征
讨并最终灭亡，但不久后德川家康建立了强大稳固的幕
府，东国国家枯木逢春。

　　一路看来已经毋庸置疑的是，东国国家的存在贯穿从
古代到中世以至近世的日本史的整个脉络，而本书的作者
热切地关注这一点。本书虽称"日本历史上的东与西"，
实际上可窥知网野先生寄托在"东"、"东国"以及"东
国国家"上的执念真是强得不得了。要再重复一遍的话，
就是平将门之乱、源氏的登场、北条政权的成立、足利氏
乃至关东公方的活动、后北条氏的势力扩展这一宏大而丝
毫不曾动摇的历史洪流最终注入了德川东国政权。这可以
说是本书的小提琴第一主旋律，即网野先生的"反王朝"
感和"反西国"史观的些许体现。虽然如此，这种历史
观点当然也不是网野先生开创的。就如网野先生自己在本
书中坦白的那样，这样的历史视角是长年累月的史学史积
累形成的遗产，也就是作者在第十四章中以"日本史学
的两种潮流"为题而加以论述的部分。

　　仔细观察"东国"地域出身的历史学家和"西国"
地域出身的历史学家，我们可以明确看到其背景色彩和音

调的对立。他们之间互相映照出来的问题，立即让我联想
到有关"邪马台国"那没完没了的争论，这也是日本东
西部的学者围绕邪马台国的所在地而展开的论战史。京大
系的学者意图将邪马台国所在地认定为畿内，西部的史家
们皆仰其鼻息，而东大系旗下的东部史家们则想把其所在
地挪到北九州去。这一学说史的传统一直延续到今天。有
谁胆敢对本系统的主流看法引弓放箭，就会被定为叛徒，
遭受被圈内孤立的危机。

　　这里有点说岔了，我们继续回到东国、西国论上面
来。特别是在日本中世史领域，首先主张东国独特性的一
派强调在地领主的父权制支配，将中世国家的轴心理解为
贯彻了基于父权制的主从制原理的武家政权。这就是所谓
"领主制论"的一派，其代表学者是竹内理三、石母田
正、佐藤进一、石井进诸人。与之相对，中村直胜、黑田
俊雄、大山乔平诸学人则将中世国家理解为由"座"型
结构的村落构成，并由将村落百姓置于支配下的庄园和公
领的支配者——公家、寺社、武家等"权门"互相补充
而完成的权力体。笼统地说，对日本中世史的理解，大致
可分为东大系学者的"东国自立论"和京大系学者的
"西国独特性论"。这种学说对立如同装上了离心分离机
一样，和鲜明的学阀分派重叠在一起，看上去犹如东西对
垒的红白歌会一样让人感到有趣，作者网野自己也毫不遮

掩地自报东国派的名号。

由此可知，叙述历史的行为，归根结底是自己投身到某种世界观和认知体系之中的过程。历史叙事中终究不可能存在完全公正中立的立场。其问题恐怕系于一点，就是以怎样的逻辑和想象力，将叙事引导到自己所投入的特定世界观和认知体系中去。换句话说，就在于怎样将历史认识中的"偏向"和历史叙事中的"逻辑"折中处理。在这一点上，网野史学所下的功夫不得不说蔚为可观。本书中便有这样一股对历史学上的"偏向"进行轨道修正的平衡感和具备多视角的构想力。

首先，本书就指出了这种政治力学的存在——对于"东国"权力不时和九州的势力联结的意图，"西国"国家就正好与其对抗一般和东北的势力加强提携。在东国一方面和西国对抗而同九州携手的背景里，则有东国人和东北人之间可谓宿命一般的对立要因在发挥作用。古代东北的安倍氏、清原氏，乃至奥州藤原氏等东北政权全部需要在这一紧张的对抗关系中被迫做出政治决断。东北与生俱来的反关东"体质"，成为和西国国家联结起来的契机。就以南北朝时代为例来说的话，足利尊氏一方面摆明了继承东国国家的姿势，另一方面也把和九州的同盟纳入视野。对于这一动向，西国——京都的后醍醐天皇一方就做出了拥戴皇子义良亲王在东北建立奥州小幕府的构想，这

可谓是东国-九州 VS 西国-东北这一政治力学启动的一个
实际例子。

其次，相对于东国的年贡以纤维制品为主，西国的年
贡尽管含有各色品目，但米年贡的占比非常高，这也分别
对应了东国的旱地和西国的水田。再者，东国社会以领主
的"家"支配为中心，领主和百姓的社会关系呈现上下
纵向结合的形态，以父权制性质很强的主从关系为基础；
与之相对，西国的情况是百姓的小家族横向联合起来，
"村"型的社会结构发达，这就是所谓的"座"型结合。

和"座"型结合并行，在西国可以看到一种"职能
国家"的性质。领国支配的网络上的节点是以例如名主
职、公文职、地头职、惣追捕使职等"职"的形式来世
袭传承的。这里的"职"比起官僚制中的官职更接近职
能的意义，是承包者基于其职能来承包相关的义务和职
务，并相应世袭其"得分"①　的一种模式。西国国家建立
在这样的体系上，和前面提到的那种东国型重视纵向关系
的主从制和惣领制社会结构，并以此为骨架的国家体制相
比，自然性质迥异。

最后，如果还要再罗列一下的话，本书中除上述内容
外也并不缺乏分判东西部的政治、文化指标，读者一旦阅

①　职务附带权益，参见本书第 170 页最后一段。

325

读正文便可以知晓。重要的是，作者特意唤起读者对东西部交流的各种现象的注意：物资、"职人"和艺能民的迁移，海民和山民横跨东西部的活动，横贯东西部的海上交通的扩大，以及对外贸易的发展等。其中值得特别强调的依旧是东国武士的西迁问题。因为其时正值"蒙古袭来"的国难，为了加强西国防务，东国武士响应了国家动员。这恐怕也是东边的语言和婚姻习惯传到西国的一个因素。

至此也就没什么要重复的了。一言以蔽之，网野先生意图在东西部的对抗关系中衡量日本的历史。他抉出日本东西部酿成的各种历史产物，比较它们的特点和优劣。这是某种"东西对抗"的故事脚本。在大相扑比赛里，首先"呼出"①会登上土俵，大声喊出选手名字："东边是某某，西边是某某。"而在决出胜负之后，由行司②向胜利者举起军扇。网野先生在本书中就担当了呼出和行司的两个角色。在歌舞伎的开场白里，剧团的座长会"东西，东——西——"地招呼观众，这类似"日本全国尊贵的各位来宾们"这样的招呼声。这么一来，观众席位上便传来了拍手声和喝彩声，此时正是最棒的一瞬间。不只如此，到神社佛阁门口看看，入口处东西坐镇着石狮子和仁王像，其口部各自一张一合，其呼吸间之微妙亦不言可

---

① 相扑比赛中的选手唱名人。
② 裁判。

知。要我说的话，这便是对抗者之间助威声的交替。

连那与谢芜村不都咏道"菜花儿呀，月上东头日落西"吗？在眺望一片菜花地的傍晚景色时，月亮和太阳分别挂在东西天际。可见连美学意识都讲究要身处东西的轴线之中，我们的心灵才得以安顿。这一美学意识历史悠久，可以上溯至万叶之往昔，如柿本人麻吕吟咏的"东野曙光现，东方露彩霞，回头西向望，月已向西斜"。①

327

网野先生采取这种着眼点，大抵可说是成功的。无视民族传承和记忆的历史叙述不能俘获人心。当网野史学把日本列岛的历史沿着东西轴线剖开，将其复杂的发展演变过程归类起来的时候，日本列岛的新鲜截面图便浮现出来了。那么，相对于网野先生所选择的东西轴，如果有人尝试沿着日本的南北轴来勾勒和分类的话，列岛的历史又会展现怎样的面貌呢？人们诸如此类的疑问和关注，自然也就被引发出来了。

话虽如此，这些还有待他日的研究。我在这里暂且就关于本书的特色发表一下自己的小小感受，以应付"解说"之责。

---

① 原文为"東の野にかぎろひの立つ見えて かへり見すれば月かたぶきぬ"，此处引用的是杨烈译文。

索 引

（索引中的页码为本书页边码）

译者后记

毫无疑问，以研究日本中世史、海民史，以及"非农业民"而著称的历史学家网野善彦（1928—2004）是日本二战后历史学发展的主要推动者之一。提起这个名字，可能有的读者会因为著名动画导演宫崎骏受其著作中"非农业"史观的影响而创作的经典动画大片《幽灵公主》而依稀有些印象。幸而网野先生的著作并非第一次被翻译成中文，他的通史大作《日本社会的历史》（岩波书店刊行，原版为岩波新书的上、中、下三册）曾在数年前由刘军和饶雪梅夫妇译出，并在社会科学文献出版社出版；其另一本文库化的畅销名著《重新解读日本历史》（筑摩书房刊行，初版为正、续二册，后由筑摩学艺文库刊作一卷本）也曾由尧嘉宁译为繁体中文，于2013年由联经出版公司出版发行。上述两种都是其晚年学术体系大成之后的小结之作，而这次幸得译介的《日本历史上的东与西》则是网野先生具有代表性的早期著作。本书的最大特色在于，网野先生在自己的学术体系中第一次采用了"东与西"的地域历史视角。

关于网野先生的生平及其学术见解的梗概，《日本社会的历史》的译者之一刘军已经在其后记中做了详尽的百科全书词条式的说明，译者在此只想再简单地做一点回顾。网野先生 1928 年出生于日本山梨县东八代郡的御坂町。网野家是当地自江户时代以来的大地主，其曾祖父网野善右卫门是今天的山梨县地方银行——山梨中央银行的前身之一网野银行的创立者。而网野家的姻亲，也是网野先生的生父出身的广濑家，乃明治以来山梨本地的显赫家族，地方和国会议员、银行家辈出。尽管出身于一个政治光谱非常保守的家庭，网野先生却在东京大学文学部国史学科就读本科之际，与著名的马克思主义中世史家石母田正相识，在大学期间参加了左翼学生运动，并且加入了日本共产党。他曾经参加日共的武装斗争运动组织——山村工作队，但没过多久，由于日共的路线转换，以及网野深度参与的国民历史学运动内部的矛盾，网野先生对当时意识形态先行的学风日渐产生疑惑。用网野先生自己的话来说，就是"由于强行推进了游离于现实的观念性运动，自然而然地，这个运动从各种方面开始显示出疲劳和颓废的征兆，而这也波及了历史学界"（網野善彦『歴史としての戦後史学—ある歴史家の証言』、角川ソフィア文庫、2018）。网野先生体会到"自己的空虚"之后，于1953年夏天脱离激进运动，走向专心于学问的道路。大学毕业后，网野进入了日本常民文化研究所的月岛分室工作，这是由涩泽荣一的嫡孙、身兼民俗学者的实业家涩泽敬三开创的民俗学研究机构。他在当时的所长宇野修平的指示下，为了配合战后日本渔业制度的改革，投入了研究所以政府水产厅嘱托的名义，整理从日本各地借调的渔业相关古文书的工作。但是由于所内的人事变动和经费影响，月岛分室面临关闭，而网野先生也不得不担负起将这些数量庞大的古文书归还给原主的工作。常民文化研究所月岛分室关闭后，网野先生则在其挚友永原庆二（一桥大学教授、著名中世史家）的介绍下，一度在东京都立北园高中担任教师维持生活。在其研究成果逐渐得到世间瞩目之后，他于1967年成为名古屋大学助教授。在常民文化研究所的工作，以及之后终生执着的"返还古文书之旅"，让网野先生接触到了大量的"非农业"领域和民俗方面的史料，并深刻影响了他观察历史的视点，也磨炼了他将历史学和民俗学互相结合的研究方法。1981年日本常民文化研究所最终落户于横滨的神奈川大学，网野先生也从名古屋回归了神奈川大学常民文化研究所，并继续从事整理和归还常民文化研究所借用古文书的工作。后来被称为

"网野史学"的独特观点，无疑就是在网野先生与这些忠实生动地反映了前近代日本庶民生产生活实际状况的史料之间的"格斗"中产生出来的。因为网野先生在研究中深刻感受到了这些一手史料中体现出来的民众社会生活的实际情形和当时流行的"历史常识"之间的差距。

根据东京大学中世史名家樱井英治先生在《网野善彦著作集》（岩波书店刊行）解说中的归纳，所谓"网野史学"的构成要素有以下七个方面：

（1）将"日本"国号视作一种意识体现（对"日本"的相对化）；

（2）提出了"非农业民"这一范畴（对在日语中专指农民的"百姓"一词内涵的相对化）；

（3）揭示了"无缘""公界""乐"等存在于中世日本社会的自由空间概念（反对机械单线的社会发展阶段论）；

（4）对天皇制展开执拗的追问（将天皇的绝对价值相对化）；

（5）提倡"东国与西国"的史观（挑战日本单一民族论）；

（6）提倡来自海洋的历史视角（否定日本孤立岛国观，强调交流的历史作用，将民族国家的边界相对化）；

（7）不断关注在历史长河中贯彻始终的主题事项

（以阐明"民族的特质"）。

　　樱井先生认为，"网野史学"的以上七个主题之中，前六个以"打破常识"为主要目的，但都服务于其阐明"民族的特质"的最终目的。可以说，网野先生在历史研究中所提倡的大破和大立是表里如一的。他首先要彻底颠覆自明治以来控制日本人头脑的一种传统历史观念，而在彻底颠覆的过程中，揭示在二战前日本国家意识形态之下被掩盖的日本民族的真正特质，而为建构和日本列岛上的人类生活样式相适应的真正共同体提供"砖瓦材料"。

　　本书是网野先生第一次提出了从东国与西国的地域视角来省视日本历史的观点，他在本书序章中便开门见山地提及其意图：

　　　……本书注意到当前生活在日本列岛的东与西的人们的生活、文化、社会的不同，试图厘清这种差异在历史中起到了怎样的作用。

　　　而且，一直以来都被认为在世界上拥有罕见的同质性的日本人——即便是在相对意义上或许可以这么说的一群人——也绝不是铁板一块，其中也充分具备孕育出不同民族的盖然性因素。基于这一点，日本历史上出现过若干拥有独自特色的国家也是确凿的事实；更不用说日本人与阿依努人乃至欧亚大陆远东滨海地区、朝鲜半岛、中国等地域的人们（此前被认为是完全不同的民族）都出人意料地关系密切。

网野先生认为自明治时代以来的日本近代国家强调日本是单一民族国家的官方观点，无视了冲绳人和阿依努人的民族个性，构成了对他们的歧视和压迫，并且导致了对朝韩两国人和中国人的蔑视。用这种歪曲思想进行教育动员，结果酿成了类似关东大地震之际对在日朝鲜人和中国人进行屠杀的惨剧。而这种单一民族认识也和所谓的大和民族优越论结合起来，在内无视日本各个地域基于自己传统的文化多样性，在外也和日本帝国否定殖民地当地文化，推行"皇民化教育""创氏改名"等暴政的思想背景大有关系。

网野先生也认为，明治以来的日本政府也有一种可以说是以海为壑的思想。为了抵抗列强压力，自江户时代后期以来，日本的精英人士便认为日本系由海洋与世界其他地区割裂出来的孤立岛国，海洋是外敌入侵的通道，应该凭借海洋来构建国防体系。以这种强调军事要素的认识为基础，日本近代交通体系的重心被置于铁道等陆上交通，而到江户时代为止构成交通体系基础的沿岸海运和内河航运就因此开始衰退，而列岛中的孤立岛屿和半岛地域也被抛在了社会经济发展的格局之外。这不得不使译者联想到已故著名海军史研究者章骞先生所指出的，近代日本这种以海为壑的狭隘海防观，导致日本海军在海权观上片面解读马汉的海权论，忘记了海权是为了保护海上贸易通道为自国所用的本意，迷信对马海战经验，把海洋当陆地，一味强调控制面的"制海权"而片面发展决战攻击力量（参见章骞《不列颠太阳下的美国海权之路》，上海交通大学出版社，2016），而完全对海上护航、破交等围绕海上交通安全的战争样式缺乏理解。这种对海洋的歪曲认识不仅导致日本国内经济发展的地域失衡，也导致在太平洋战争的实战中日本缺乏防护的海上交通线被美军轻易切断，孤悬在外岛的日军则陷于营养不良和饿死的惨境。所以，网野先生提出了这种海洋观的反命题，即海洋绝不是隔绝人类社会往来的通道，而是交流和流通的重要桥梁。

另外，网野先生指出，明治以来的日本国家领导人持有一种完全把稻作水田农业当作立国之本的"瑞穗国日本观"（这恐怕也受到了儒教重农观念的影响），这种观念使近代日本政府完全无视以往日本史上以海、山、川为生产场所的小规模产业的丰富多样性，陷入单纯地以农耕来维持近代产业基础发展，实现"富国强兵"大业的偏执的发展观。这种偏执的农业发展观自然支撑了"日本

国土小，必须获取农耕土地"的观点，并由此产生了将
对外侵略扩张土地的行为正当化的逻辑。昭和战前时代的
日本法西斯分子中有大批贫寒农家子弟出身的军官，另外
还有如权藤成卿、橘孝三郎那样的"农本主义"者，这
岂是一种偶然？所以，网野先生指出，19 世纪到 20 世纪
前半叶的日本对外获取殖民地的侵略战争，显然与这样一
种对农业的狭隘认识有关。对于此种观念的反省，自然构
成了"网野史学"中"反谷"色彩的背景。当然，这不
是一种反农业主张，网野先生认为，只有在阐明除农业之
外的其他产业的历史实际情况的基础上，才能给日本的农
业以正确的定位。

　　出于以上对日本近代历史错误的反省，网野先生认为
在历史叙述中不能无视地域社会多元丰富的特性，而本书
的着眼点正集中在了基本上以爱知、岐阜两县为界线的日
本东西部两地的文化差异之上。以"东马西船"的地域
特色为轴线，网野先生阐述了关东和关西在日本历史上的
意义和作用。关东的马培育了东国的武士，而武士阶级的
自立打破了王朝对列岛的一统政治，创造了中世纪日本一
种可谓"半西欧半亚细亚"（王家骅先生语）形式的多元
政治格局，从而产生了基于地域特色的各种"地方小国
家"，避免了编户齐民的律令制度对社会的过度汲取。而
关西的船则是交通的使者，海洋对日本来说并不是对外隔

绝的高墙，而是四通八达的通道，既让日本接触和吸纳来自大陆的外来文化，也促进列岛上的流通经济发展，让地方具有活力。在这条轴线上，各种"非农业"的产业在日本列岛上四处发展，带动了列岛前近代经济的繁荣。在本书的叙述中，网野先生可能是出于自己对主张武士兴起带动日本历史发展的石母田正"领主制论"的认同感，以及自己对出生地——东国甲斐的感情（网野先生在晚年大力推动山梨县地方史的编纂事业），将佐藤进一首倡，一般只在镰仓时代政治史上使用的东国国家概念大胆地予以发挥，画出了一副上至平将门，下到江户幕府的"东国国家"独立谱系。

尽管山折哲雄先生在解说中吃惊于网野先生对东国的偏爱，但也不能就此说他低估了西国的作用。他在本书中强调了西国的船运和海上内外交通的重要性，如果说在"重农"观念上被忽视的"非农业"群体是本书的重要演员，那么西国的海和船运就是他们活动的舞台。而网野先生不厌其烦地揭示这些"非农业"群体的历史实相和他们与地方的联系，当然也和日本社会的"部落民"歧视解放运动不无关系，在这里也能看到他对社会改良问题的现实关怀。译者觉得在这里最精彩的部分，就是网野先生透过"非农业民"传承的伪文书和民俗口述史资料这些往往会在实证层面被忽略的"假材料"，探求这些群体内心真正的政治认同。当然，网野先生在这方面的研究更加集中地体现在其名著《日本中世的非农业民与天皇》（『日本中世の非農業民と天皇』、岩波書店、1984）一书中，从本书中只能管中窥豹。

另外，透过地域视角，本书对于二战后历史学的理论分歧也给出了一种综合式的解释。对于日本中世史领域"领主制论"和"庄园制论"两大流派的尖锐对立，网野先生也敏锐地指出，两种理论解释是出身于各个地域的历史学者透过自己的生活体验所描绘出来的历史侧面，两者之间并不是零和关系，而只是历史在不同地域特性的多面镜上映射出的不同景象。译者所爱好的日本战国历史也是各种理论林立的一个历史分期，针对在战后历史学中比较传统的"大名领国制论"（永原庆二），有些学者主张"战国期守护论"（川冈勉）。用网野先生的这种视点来看，我们正可以发现前者的解释适应东国社会，后者解释则适应西国社会。这样的去结构化的视角不仅消解了钻牛角尖式的泥潭化争论，还揭示了历史实相的丰富多彩。

"网野史学"以其开阔的视野和广阔的外延性，描绘了东亚前近代社会丰富多彩的一隅。尽管本书成书较早，其中一些提法依照今天的研究进展来看可能已经过时或不恰当，比如按照后来的研究发现，室町时代日本西部地区以所谓"夷千岛王"和大名名义频繁派遣到朝鲜半岛的使者中，有很多是九州本地的武士和对马岛主宗氏假借各种上位权力的名义而派遣的伪使，恐怕不能用以说明朝鲜半岛在日本西部存有非常广泛的"大国影响力"。而关东的战国霸主小田原北条氏（后北条氏）自然也与朝廷和幕府有所交流，并从那里获取官衔和位阶，不能说他们采取了与中央毫不往来的态度。但是，由于作者对整体格局的正确把握，这些细节也并不影响全书叙述的平衡感。网野先生基于自己在中世日本土地制度史研究、海民研究、山林业史研究和地方史、民俗学上的深厚学养，以东西差异为轴，描绘了丰富多彩的日本中世历史像。

学生时代的译者在因动漫和游戏等契机接触日本史后不久，便有幸拜读了网野先生研究镰仓时代中后期历史的名著——《蒙古袭来》（『蒙古襲来』、小学館文庫、2000）一书，而被他在该书中描绘的丰富的历史画像所吸引，最终陷入日本中世史的"泥潭"而不能自拔。网野先生在本书后记中提到他因为要报宫本常一先生著作对他的启蒙之恩而下定决心写作此书，而"网野史学"也打开了译者对日本中世史世界的兴趣之门，如今有幸得到翻译网野先生著作的机会而报此学恩，诚可谓天意。

坦率地说，"网野史学"在国内的译介还非常不够，本书是网野先生早期的重要著作之一，它的出版也有助于读者更好地理解已经出版的《日本社会的历史》和《重新解读日本历史》两书，以资把握其学术脉络。如果条件允许，译者强烈建议读者配合上述两书一起阅读。另外，国内最近选译了网野先生担任主编的讲谈社《日本的历史》（中文版由文汇出版社于 2021 年刊行）26 卷中的 10 卷，由于本书的政治史叙述比较简略，如果读者和这套丛书配合阅读的话，相信能对日本的前近代历史有更深的把握。希望本书的译介能够为今后体系性地译介"网野史学"著作开一个好头。如果真能起到一点学术马前卒的作用的话，则是译者的无上荣幸。

在此文末，首先要诚挚感谢译者的严师挚友张子平先生，他求学于同网野先生的学术生涯无法分离的神奈川大学历史民俗资料学研究科。没有张先生的引荐，译者恐怕很难得到这个工作机会。另外，张先生也不辞辛苦，为译者解决了不少本书中出现的历史文献与历史民俗学方面的疑难问题。其次，译者要感谢社会科学文献出版社甲骨文工作室（分社）的编辑沈艺老师的破格起用，能够给在学术翻译上属于新手的译者这一宝贵的工作和学习机会。另外，在武田氏研究上成果累累的知名日本战国史研究者平山优先生，以及在日本南北朝内乱史研究上锐见迭出的新锐学者龟田俊和先生通过电子邮件认真地回应了译者诸如文脉理解、翻译疑难以及日本方言问题上的唐突提问，九州大学的顾明源博士在校对中提出了不少专业建议，并且替译者补撰和完善了部分注释，在此译者一并致以衷心的感谢。

褚以炜

2021 年 7 月 15 日

附　录

日本旧国与都府县名对照一览

旧国（道）	今都府县
陆奥（东山道）	青森县、岩手县、宫城县、福岛县、秋田县一部分
出羽（东山道）	秋田县、山形县
下野（东山道）	栃木县
上野（东山道）	群马县
信浓（东山道）	长野县
飞驒（东山道）	岐阜县
美浓（东山道）	岐阜县
近江（东山道）	滋贺县
常陆（东海道）	茨城县
上总（东海道）	千叶县、东京都、茨城县、埼玉县各一部分
下总（东海道）	千叶县
安房（东海道）	千叶县
武藏（东海道）	东京都、埼玉县、神奈川县一部分
相模（东海道）	神奈川县
甲斐（东海道）	山梨县

续表

旧国（道）	今都府县
伊豆（东海道）	静冈县
骏河（东海道）	静冈县
远江（东海道）	静冈县
三河（东海道）	爱知县
尾张（东海道）	爱知县
志摩（东海道）	三重县
伊势（东海道）	三重县
伊贺（东海道）	三重县
越后（北陆道）	新潟县
佐渡（北陆道）	新潟县
越中（北陆道）	富山县
加贺（北陆道）	石川县
能登（北陆道）	石川县
越前（北陆道）	福井县
若狭（北陆道）	福井县
山城（五畿内）	京都府
大和（五畿内）	奈良县
河内（五畿内）	大阪府
和泉（五畿内）	大阪府
摄津（五畿内）	大阪府、兵库县一部分
播磨（山阳道）	兵库县
美作（山阳道）	冈山县
备前（山阳道）	冈山县
备中（山阳道）	冈山县
备后（山阳道）	广岛县
安艺（山阳道）	广岛县
周防（山阳道）	山口县

日本历史上的东与西

旧国（道）	今都府县
长门（山阳道）	山口县
丹波（山阴道）	京都府、兵库县、大阪府各一部分
丹后（山阴道）	京都府
但马（山阴道）	兵库县
因幡（山阴道）	鸟取县
伯耆（山阴道）	鸟取县
出云（山阴道）	岛根县
石见（山阴道）	岛根县
隐岐（山阴道）	岛根县
纪伊（南海道）	和歌山县
淡路（南海道）	兵库县
阿波（南海道）	德岛县
赞岐（南海道）	香川县
土佐（南海道）	高知县
伊予（南海道）	爱媛县
筑前（西海道）	福冈县
筑后（西海道）	福冈县
丰前（西海道）	福冈县、大分县一部分
丰后（西海道）	大分县
肥前（西海道）	佐贺县、长崎县
肥后（西海道）	熊本县
日向（西海道）	宫崎县
大隅（西海道）	鹿儿岛县
萨摩（西海道）	鹿儿岛县
壹岐（西海道）	长崎县
对马（西海道）	长崎县

资料来源：由本书译者制作。

图书在版编目（CIP）数据

日本历史上的东与西／（日）网野善彦著；褚以炜
译 . --北京：社会科学文献出版社，2023.1
ISBN 978-7-5228-0637-2

Ⅰ. ①日… Ⅱ. ①网… ②褚… Ⅲ. ①文化史-研究
-日本 Ⅳ. ①K313.03

中国版本图书馆 CIP 数据核字（2022）第 157718 号

日本历史上的东与西

著　　者／〔日〕网野善彦
译　　者／褚以炜

出 版 人／王利民
责任编辑／沈　艺
责任印制／王京美

出　　版／社会科学文献出版社·甲骨文工作室（分社）（010）59366527
　　　　　　地址：北京市北三环中路甲 29 号院华龙大厦　邮编：100029
　　　　　　网址：www. ssap. com. cn
发　　行／社会科学文献出版社（010）59367028
印　　装／北京盛通印刷股份有限公司

规　　格／开　本：889mm×1194mm　1/32
　　　　　　印　张：11.125　字　数：204 千字
版　　次／2023 年 1 月第 1 版　2023 年 1 月第 1 次印刷
书　　号／ISBN 978-7-5228-0637-2
著作权合同
登 记 号／图字 01-2021-3842 号
定　　价／69.00 元

读者服务电话：4008918866